"茅舍槿篱溪曲"

"门外春波荡绿"

踏上回归精神故里寻古探幽的旅程，

感受乡土的温暖与润泽，

体味精神家园的馨香。

国家出版基金项目
NATIONAL PUBLICATION FOUNDATION

"十三五"
国家重点图书
出版规划项目

中国历史文化名城·名镇·名村丛书

河北
霸州

中國歷史文化名城

中国民间文艺家协会 / 组织编写

总主编 / 潘鲁生 邱运华

本卷主编 / 张树勋

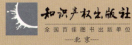
知识产权出版社
全国百佳图书出版单位
—北京—

积聚海量信息 寻觅科学路径（序一）

邱运华

　　传统村落保护是当下中国文化遗产保护工作中最重要的社会性课题之一。对于一个具有绵延五千年不间断农业文明的民族来说，传统村落能否得到妥善保护更是一个文明能否传承的关键问题。

　　传统村落保护是当代社会发展的普遍问题，不独中国社会存在，西方发达国家存在，东方发达国家也存在。从世界范围看，这是一个国家从欠发达到发达、从农业社会过渡到工业社会、从以农村为主体发展到城镇化生活方式过程中普遍存在的问题。有学者把中国农村经济结构改造、社群建设、新文化建设和整体民生改善工作这一进程，追溯到 20 世纪 50 年代。但我以为，它毕竟不是我们现在所处的整体转向工业化、城市化进程中遇到的课题。中国社会同一性质的乡村保护课题，起源还是世纪之交的 2003 年 2 月 18 日"中国民间文化遗产抢救工程"。2012 年 12 月 12 日，住房和城乡建设部、文化部、财政部联合发布《关于加强传统村落保护发展工作的指导意见》，2014 年 4 月 25 日，除上述三部外又增加了国家文物局，联合发布《关于切实加强中国传统村落保护的指导意见》，两次重申传统村落保护的联合行动。冯骥才先生在 2012 年的一篇文章里把传统村落保护提高到文明传承的高度，我认为非常正确。中国社会各界对传统乡村保护的问题，有着非常积极的呼应。

　　中国是发展中国家，但是从东部、南部和东南部区域看，具有发达国家的基本特征。农村人口从西部向东部、从村落向城镇转移，是 1990—2010 年之间最重要的社会现象，这一巨大的人口变迁集中表现为城镇人口急速膨胀、传统村落急速空心化，不少历史悠久的自然村落仅仅剩下老人和儿童。因此，传统村落的保护在中国面临的问题，与发达国家相比，具有共同性。例如，从"二战"后恢复到工业化时期，德国和日本先后进行的村落更新或改造项目，具有几个明显特征：一是以激发村落内部活力、发展农村经济作为前提，以改造农村基本生活设施作为基础展开；二是村落更新或再造项目以土地管理法令的再研究作为保障；三是建立了学术界论证、公布更新或再造规划、政府支持的财政额度及投入指向、个性化改造方案与村民意愿表达的有效沟通机制，有效保障村落历史文化、自然风景、公共空间与私人空间等要素。综合来看，先行的国家特别注重传统村落的"民间日常生活"保存问题。

所谓"民间日常生活"的具体含义是什么？乃指传统村落村民群体的方言、交往方式、经济生产活动、衣食住行、生老病死、教育、节日活动、传统风俗、民间信仰活动以及区域性的传统手工艺活动等，以及上述种种的精神性、思想性、文化性、艺术性和物质性表现形态。长期以来，中国传统村落之所以成为民族文化的保留者和传承平台，核心在于保存着这个民间日常生活，它的内容和方式，在民间日常生活的基础上，方可承载不同样式、层次的民族文化。

之所以在这里提出"民间日常生活"作为传统村落的文化基础问题，乃是因为看到目前对待传统村落的两种观点具有一定的欺骗性，并不同程度地主宰和误导了传统村落的基本价值指向。一种是浪漫主义传统村落观，一种是商业主义传统村落观。浪漫主义传统

村落观把传统村落理想化、浪漫化，仿佛传统村落是用来怀旧的，象征着一切美好的自然与人类的和谐，田园风光，日出而作，日落而息，男耕女织，像是《桃花源记》里的武陵源，"不知有汉，无论魏晋"。但是，这不是民间日常生活；民间日常生活还包含在落后生产力条件下的温饱之苦、辛劳之苦，是传统村落里百姓的生活常态；生产关系之阶级阶层压迫、政治强权和无权地位，以及在自然面前束手无策，在兵灾、匪患和种种欺男霸女面前的悲惨状态，甚至中华人民共和国成立以来出现过的政治压迫、思想禁锢和社会运动之灾，是乡村浪漫主义者无法想象的，而这，就是大多数传统村落的民间日常生活。文人雅士，在欣赏田园风光和依依炊烟之时，能否探入茅舍，去看看灶台、铁锅和橱柜，去看看大量农夫、农妇的身子，他们是否仍然饥饿、寒冷？或者他们的孩子是在劳作还是就学？商业主义传统村落观呢，则直接把传统村落改造成伪古典主义的模板，打造成千篇一律的青砖瓦房，虚构出一系列英雄史诗和骑士传奇，或者才子佳人和神异仙境的故事，两者相嫁接，转化为商业价值或者政绩价值，成为行政或市场兜售的噱头，这一行为成为当下传统村落"保护"的常态。这两种传统村落观，一个共同的特点是把村落与民间日常生活相割裂，抹杀了民间日常生活在传统村落里的价值基础，从而，也直接把世世代代生活于这一场景的村民们赶出村落，嫌他们碍事，妨碍了我们的浪漫主义和商业主义梦想；他们不在场，我们可以肆意妄为地文化狂欢。那些在民间日常生活中久存的精神性的、思想性的、文化性的、艺术性的符号，均不在话下。但是，假如村民不在场，社群活力不再，传统村落如何是活态的呢？西方哲学有一个时髦术语，叫作"主体缺失"，因为主体缺失，因而话语狂欢。

　　关注传统村落的村民，无疑是中国传统村落保护的第一要素。但恰好是人这第一要素构成了传统村落的凋敝和乡愁的产生。

　　1990年至2010年这二十年，一些区域传统村落里村民流动性的增强，特别是青壮年村民向东部、东南部和南部沿海地区季节性的流动，极大地影响了这些区域传统村落民间日常生活的展开，减弱了传统村落的社群活力，也相应削弱了传统文化活动的开展。这样，构成传统村落民间日常生活的内容慢慢演变成淡黄色、苍白色，成为一种模糊记忆，抑或转化为一年一度的春节狂欢，最后，演变定格成为日常性质的乡愁。民间日常生活不再完整地体现在现在乡村生活之中。那个完整的民间日常生活，在我们不得不离开它的土壤之后，便蜕变为乡愁。乡愁这只蝴蝶的卵，就是民间日常生活。而伴随着乡愁这只蝴蝶而出现的，却是一个个村落日常生活不断凋敝、慢慢消失。乡愁成为我们必须抓住的蝴蝶，否则，我们的家乡便消失在块垒和空气之中，我们千百年创造的文化便无所依凭。然而，据统计，在进入21世纪（2000年）时，我国自然村总数为363万个，到了2010年，仅仅过去十年，总数锐减为271万个。十年内减少约90万个自然村。若是按照这个速度发展下去，三年、五年之后，我们的传统村落便所剩无几了。也就是说，出生和成长在这些村落而现在散居在世界各地的人们，将无以寄托他们的乡愁。若是其中有的村落有几百年、上千年甚至更久远的历史呢？若是其中有的村落有着华夏一个独特姓氏、家族、信仰和其他各种人文景观等呢？

　　越来越多的学者开始从事传统乡村保护的研究工作，例如《人

民日报》2016 年 10 月 27 日发表了《老宅、流转、新生》为题的介绍黄山市探索古民居保护新机制的文章，还配发了题为《古民居保护，避免"书生意气"》的评论；《中国文化报》2016 年 10 月 29 日发表了题为《同乡村主人一起读懂文化传承》的文章，提出了"新乡村主义"的概念，在它的题目之下，包含有乡村治理、乡村重建和乡村产业化的多功能孵化等内容。为此，文章提出了"政府在制定政策方面、标准化编列预算、聘请专家团队和 NGO 组织，进行顶层设计、人才培养、产业孵化和公共服务"四项基本措施，还配发了《莫让古民居保护负重前行》的文章。《光明日报》2016 年 11 月 15 日发表了题为《福建土堡：怎样在发展中留住乡愁》的报道，记叙了专家考察朱熹故乡福建三明尤溪土堡的过程；记者报道了残存的土堡现状，记录下专家们的意见：政府与社会资本合作的"PPP 模式"，面对乡村人口日趋减少的不可逆现实，应该吸引城市中的人回到乡村，将土堡打造为"民宿"，在不破坏现有形制的前提下，实现功能更新。也有专家提出，就保护而言，首先应该考虑当地人，人的利益是优先的，只有做到长期发展而不是只顾短期利益，文化遗产保护事业才能够持续发展，等等。

上述建议，已经超越了简单的乡愁情怀，而诉诸国家土地法规、资金筹措模式、专家功能实现等层次。应该说，在越来越深入研究、讨论的基础上，对传统村落保护的思路越来越宽了，为政府制定传统村落保护法提供了良好的基础。在国家立法的基础上，国家、地方政府组织专家开展普查，确认传统村落的级别，分别实施不同层次的激活、保护、开发，才有坚实的基础。

我理解，通过专家学者的普查、认定，得出的结论一定会有利于政府形成健全完备的保护方案和具体操作措施。一方面，对仍然有社群活力的乡村，实施新农村建设规划，改善其经济机制，改建生活设施，改善村民的生活条件，把工作重点聚焦到提高农业产业框架基础、为居民提供更好的生活环境、增强村庄文化意识、保存农村聚落特征上来。另一方面，为有着特殊文化传承却逐渐凋敝，甚至失去社群活力的乡村，探索一套完善保护的工作模式，形成一种工作机制，并得到国家法规政策的支持和保障，包括土地规划、投资体制、严格的环境保护，建立严格的农民参与机制等，为保留故乡记忆、记住我们的乡愁，留下一系列艺术博物馆、乡村技艺宾馆，产生具有独特价值的"乡愁符号"。

作为"中国民间文化遗产抢救工程"的重要项目之一，《中国历史文化名城·名镇·名村丛书》正是通过众多专家学者和民间文艺工作者辛勤的田野调查工作，在中国民协推动的"中国传统村落立档调查工程"所积聚的海量信息基础上，多学科、多视角地反映当下古城古镇和传统村落现状，发掘传统文化的独有魅力，进而为保护和传承优秀传统文化积累鲜活的素材，汇拢丰富的经验并寻觅科学的路径。相信这套丛书的出版将对古城古镇和传统村落的保护发挥积极作用。

2017 年 3 月

（作者系中国民间文艺家协会分党组书记、驻会副主席）

芬芳"乡愁"彰中华（序二）

郑一民

站在 21 世纪桥头，审视中华五千年文明，由历代劳动人民创造并守护的数以万计的历史文化名村、名镇、名城，堪称中华民族可以在世界上引以为豪的珍贵国家财富。在经济全球化、现代化高速发展，城市化进程汹涌而来的今天，保护历史文化名村、名镇、名城，不仅是时代赋予当代国人的神圣历史使命与责任，也是中华民族屹立于世界之林、实现伟大复兴的必然选择。

一个古老的村镇或城市，犹如一位饱经沧桑、阅世甚深的老人，既有深厚的文化积淀，又承载着世代子孙魂牵梦萦的"乡愁"。在古村、古镇、古城之前冠以"名"字，其历史文化价值更是非同凡响。她所承载的物质与非物质文化遗产，既是传递民族血脉和熏陶锤炼民族美德、优秀品格的重要精神食粮，也是构建社会主义核心价值观和具有中国特色美好家园的重要基石。在我国现代化建设快速发展中，科学记录和保护历史文化名村、名镇、名城的人文历史、自然风貌和各种原生态信息，是一件功在当代、利在千秋的伟大事业，对研究、传承、弘扬、创新中国传统文化和实现中华民族伟大复兴，具有深远的历史意义和重要的现实意义。

探究中华文明之河，始于涓涓，终于浩浩。历史文化名村、名镇、名城就是其中的"涓涓"，数以万计的涓涓才汇就中华文明的浩浩大河。作为"涓涓"，每一个名村、名镇、名城虽有体量大小之别，但都是一个自然的社会单元。她们是历代先人适应自然、利用自然、实现"天人合一"的见证，也是创造文明、积淀文明、传承文明的家园。其保存的年轮印痕、光阴故事、人生观、审美观、习俗信仰和生产、生活、居住方式等，犹如一部部五彩缤纷的百科全书，承载着民族的历史记忆和文化基因，闪烁着民族的智慧与品格，慰藉着我们的心田与灵魂，涵养着泱泱中华。从这个意义上讲，历史文化名村、名镇、名城是中华民族物质与非物质文化最大最重要的载体，保护名村、名镇、名城就是保护中华优秀传统文化。

著名文化学者罗杨在论述古村镇保护时说："人类文明的进化不能没有积累和继承，历史的车轮可以碾过如梭的岁月，但不应拆毁我们心灵回归故里之路。"遗憾的是，在经济社会快速发展中，对古村镇和古城的保护还没有引起世人的应有关注和重视，致使不少古村镇和城市古街区在既无完整文字记载又缺乏图片记录的情况下，

便在时代洪流中消失了。针对这种现状，中国文联、中国民协在全国实施了中国传统村落立档调查工程。在此基础上，我们在中国民协和河北省委宣传部大力支持下，2016 年 10 月在全国率先启动了《中国历史文化名城·名镇·名村丛书》河北卷的编纂出版工作。

《中国历史文化名城·名镇·名村丛书》是由中国民协承担并在全国组织实施的中国民间文化遗产抢救工程重点项目之一，也是继中国民间文学三套集成之后在全国开展的又一项具有重要影响的浩大基础文化建设项目。河北列入这项文化工程的历史文化名村有 190 个、名镇 18 个、名城 12 个。根据编纂方案要求，我们将对每个历史文化名村、名镇、名城单独立卷，力求以质朴、简明的文字，图文并茂的形式，从历史学、社会学、民俗学、建筑学、文化学等视角，客观、准确、简洁、鲜活记述名村、名镇、名城的历史与现状，阐释每个名村、名镇、名城独有的文化内涵与价值，彰显河北历史文化名村、名镇、名城特有的魅力与精彩，惠及当代，传之后世。为了使读者检索、查阅、研究方便，本套丛书在编纂过程中将以"中国历史文化名村河北卷""中国历史文化名镇河北卷""中国历史文化名城河北卷"三个系列问世。

家园需要呵护，硕果需要众人浇筑。完成这

项浩大的文化工程，需要数以百计的作者和知识产权出版社编辑们几年的奋斗，无论田野调查拍摄还是梳理编撰，皆充满艰辛与探索。但耕耘者向来是不怕困难的，硕果会因此更香甜，社会发展会因这些成果更精彩，共和国文化建设会因大家的奉献更加炫目！

俗话讲，金无足赤。由于编者知识水平有限，又无前人研究成果可借鉴，书中谬误之处难免，敬请各位方家和读者批评指正。

2016 年 10 月 30 日

（作者系河北省民间文艺家协会主席）

中国历史文化名城·河北霸州

中国民间
文化遗产
抢救工程
THE PROJECT TO CHINESE
FOLK CULTURAL HERITAGES

中 国 历 史 文 化
名城·名镇·名村丛书

中 国 历 史 文 化 名 城

河北霸州 | 目录

Famous Villages, Famous Towns, Famous Cities
of Chinese Historical and Cultural Series

The Chinese Famous Historical and Cultural City
Bazhou Hebei | Contents

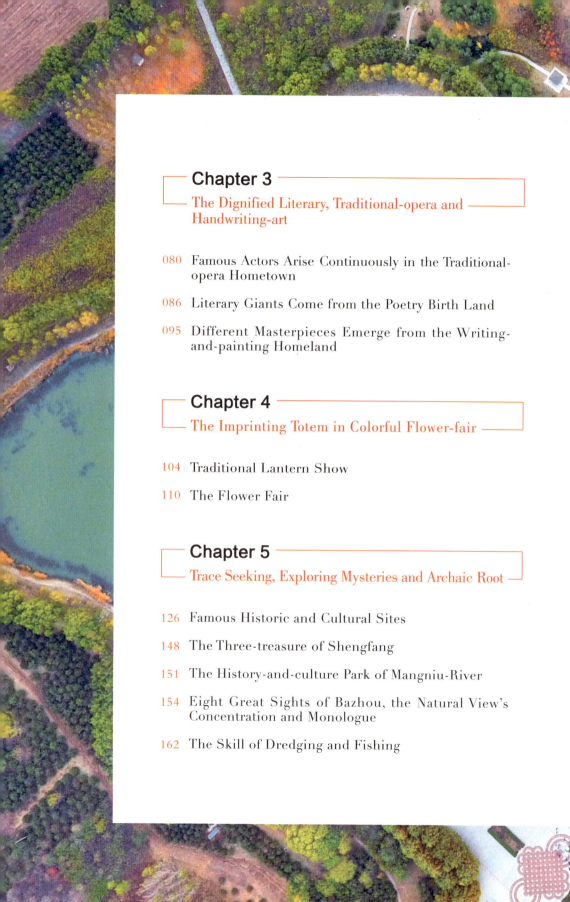

Chapter 3
The Dignified Literary, Traditional-opera and Handwriting-art

Chapter 4
The Imprinting Totem in Colorful Flower-fair

Chapter 5
Trace Seeking, Exploring Mysteries and Archaic Root

Chapter 6
Special Flavor Produce Strong Homesickness

Chapter7
Progress with Heavy Burden, Enlighten our New-era

引 言

　　文化是一种记忆的沉淀，是人类对社会生活的萃取和升华，进而作用于人，由此成为推动历史向前发展的动力之源。可以说，文化是最具备人格化的特质，而这种特质也恰恰表象于鲜明的地域性上。

↑ 益津关

　　翻开浩瀚的历史画卷，我们不难发现霸州清晰活跃而又叱咤风云的身影：战国时代，群雄逐鹿，赵武灵王所筑南关城成为中原诸王抵御北方外族侵扰的前哨；汉景帝时公孙浑邪平定战乱得封"平曲侯"；为防生乱，唐代宗慑视突厥，首置益津关；后周柴荣收复中原边陲称霸辽国而置霸州；这里还有北宋战争史上的古战道、壮边固国的"三榷

↓ 重建后的益津关

场"，以及因漕运或外埠通商而活跃的信安镇安府和胜芳直隶镇。

霸州作为一个建置千年的古邑，因其特殊的地理方位：地处河北冀中平原北部，位于京津保三角地带中心，北枕永定河连北京，东倚津门通渤海，西隔白洋淀望太行。宋人称："此固三关之锁钥，实则冀中之机枢。"史有"帝阙下临通万国……行人至此望燕山"的记载。

站在历史与文明的交汇处，我们不难发现，霸州作为曾经的水乡，"南船""北马"是霸州的历史地标。"居民得舟楫之利，一溪圣水融汇四方，文昌财聚千年一兴。"水乡特有的灵动之慧浸染着霸州，霸州因水而生，因水而兴。

站在历史与文明的交汇处，我们不难发现，霸州在许多朝代还是雄踞一方的烽火边关。霸州的先民可能是一位将军，更多的可能是很多战士，他们驰骋疆场，守护着一方百姓的平安。

也就是在这农耕和游牧间的战争与文明的洗礼中，水文化、

↓ 中亭河霸州镇段

城市之眼

边关文化、移民文化、榷场文化在这里得以留存、交融、发展和创新，形成了霸州今日的共生特质：

有容——大气包容，开放多元；

有勇——果敢坚毅，自强不息；

有信——言行一致，率真诚恳；

有德——达则兼济，穷则独善；

有忧——居安思危，识见宏远；

有梦——追求卓越，超胜于人。

"习文不效书生，练武不做莽夫。"早在800多年前，霸州先民就一边在疆场上挥舞刀枪，固守着边关，一边却在榷场中手持秤斗，做着边贸，以贸养士，以士固边，从而奠定了霸州的商贸雏形。尽管战乱频仍，霸州先民崇文尚德、尊师重教的习俗丝毫未曾彷徨与懈怠：元初创建的益津书院，虽屡遭涂炭，但都能在保留原风貌的基础上得以修葺或扩建（后迁址异地重建）。文脉之昌盛，薪火之绵延，从屡见不鲜的鸿儒硕学、代有人出的志士才俊中可窥见一斑。

山刚水慧，允文允武，霸州人无论做什么都会讲究与众不同。你看，毕业于北洋大学，取得美国宾夕法尼亚大学硕士、英国剑桥大学哲学博士、机电专家陈之藩写就的《失根的兰花》《哲学家皇帝》《钓胜于鱼》等雅集，文风脱俗，启人心智，脍炙人口，成为影响几代人的国民作家。在"一招鲜、吃遍天"的菊坛梨园，李少春却能做到"文武昆乱不挡"，风格自成一家。书画家阎道生，以其人物绘画冠绝津门，开津派人物绘画之宗，却以武入道，书剑合璧，留下了《十剑》《十三剑》等中国武学史上的经典图谱。在这片热土上，引车卖浆的小贩，也许就是写照传神的丹青高手；挥锄耘耕的老农，可能就是出口成章的风雅诗人；精较锱铢的商贾，抑或就是功力超群的武林隐侠。

霸州的文化正在觉醒，这不仅在于当下的霸州对历史文化不遗余力地挖掘、整合、传承和弘扬，更在于这种重新找寻和发现自己的过程所迸发的精神动力。在社会、经济持续转型与快速融合发展的今天，霸州灵魂深处所释放的理性回归与憧憬，无疑是对文化自信的使命召唤与担当！

人是历史的创造者，前人创造出历史，后人接续着历史。

在人类适应自然、创造过往和愈加斑斓的今天，我们用《中国历史文化名城·河北霸州》记录下益津古郡的千年延续，其目的就是避免和防范出现文化的断层，给时光和后人留下一个记忆的永恒！

此书是霸州地域人文风情的高度浓缩，它能够跨越时空的跌宕与局限，促进人与历史展开无障碍的心灵对话。重拾绵长的历史印记，细数过往的岁月峥嵘，品读璀璨的久远文化，定会让你不辜负这趟精神愉悦之旅。

↓ 传统手艺——霸州泥塑

明清霸州古城（砖雕复原）

明清霸州古城（砖雕复原）

明清霸州古城（砖雕复原）

生态公园一角

霸州——中国温泉之乡

霸州人民公园夜景

掀开历史的面纱，古老的黄河之水曾一路曲折咆哮、浩荡奔腾，流入霸州大地，并在此汇入波涛汹涌的大海。黄河故道给霸州播下了文明、勇武、勤劳、智慧的种子。隋唐大运河更是造就了霸州"舳舻千计，旌旗蔽空"的盛景。春秋以降，霸州大地或为"国"之交锋、金戈铁马的要塞，或为"帝阙下临通万国，行人至此望燕山"的畿辅重地，或为菰苴飘香、鱼肥水美的北国江南，绘就出一幅幅波澜壮阔的史诗画卷。

↓ 昔日霸州信安永济渠盛景

第一章

时 空 穿 越
俯瞰千年霸州壮志酬

霸州的历史演进

霸州，位于北京古城中轴线南向延长线上，地处冀中平原北部，历史上在东（三角淀）西（白洋淀）淀之间，上接太行，下连渤海，域内港汊交错，淀泊相连，其域大致可分为四部分。霸州旧志载："*郡西，地皆平衍，民树桑枣，勤耕织……郡东，多水乡，饶鱼、盐、芦苇之利，间习为商贾……郡南，地污下沮洳，不得耕播，民多业渔，其俗朴野，愚钝倔强，不肯屈折……郡北，沙薄不宜谷，民树榆柳、种瓜果，人尚凉薄，俗习纤啬，与诸营屯接壤，有军卫风。*"时至今日，虽经数千年的演进，然民风一如初始也！

霸州，自古为兵家必争之地。春秋战国属赵国北部边陲，秦为上谷郡地，西汉属涿郡益昌县兼平曲侯国地，后设宜昌侯国，魏属范阳郡，晋属章武国后属燕郡，隋初属瀛洲后为河间郡地。唐为幽州范阳郡辖，置益津关、淤口关。后周显德六年（959），世宗柴荣收复益津关，取对辽称"霸"之意，置霸州。霸州治所之名自此相对固定下来，并沿用至今。

霸州治所为何晚于周边

霸州作为县一级的行政职能及其治所最早出现在西汉，但纵观霸州明清及民国遗存的州县志书却都把霸州的行政设置定位于后周，与汉代相较，足足向后推迟了千余年。为什么会出现这种似是而非的事情呢？霸州晚清举人、时任中华民国教育部社会司司长的高步瀛，以及1934年《霸县新志》的一群编修认为：造成霸州治所之所以晚于周边，大概是由以下几种原因造成的。

一是历史上霸州治所管辖设置，在不同朝代或同一朝代的不同时期，出现频繁的调整或变更。而伴随着吏治归属的调整或变更，没能及时地反映在志书之中。抑或因为水祸、天灾等不可抗拒的力量，造成志书的自然损坏或灭失。明代以来，霸州有据可查的志书共有10部，中华人民共和国成立前的旧志有8部，其中州志6部、县志2部，而且有3部早已散佚。

二是连绵的战争。霸州自春秋至五代，其间大部分时间都是"戎马交驰，战争频仍，建制无常"。赵国与燕国的拉锯，北方异族的弱肉强食和巧取豪夺，唐朝的"安史之乱"，三国、五代的分疆裂土，这些大大小小的战争为治所的巩固和职权的行使带来了长期的困扰。

三是困囿于修志者的资料匮乏、狭窄的视野以及以讹传讹的记述。明志序中说："霸州为畿辅首郡，志久失传，余自家食（注：原文载）时，每欲有所考述，未尝不费搁而咏叹焉。"霸州自后周算起，就有州、军、府、直隶州、散州、县的治理。其间，散州治理约有750年，县治为185年。但在史书中，霸州最早开县级治理先河的是汉代的益昌县，其疆域与今域已别无二致。但旧志上只表"汉属涿郡益昌县"，可谓只知其一，不知其二也。

四是霸州独特的地理位置使然。《宋史》载："巨马滹淀，久著桑经，缘边塘泺。"《明史》有"浑河横于中，乱流绕其境……自陶河至尼姑河，屈曲900里，天设险阻……"是知"地为泽国，代有明文，故其建州设治，独较邻境为晚（注意，这里说的是州治而不是县治）"。可见，"隋唐以前，很难指一州一邑之地作为霸州的主名；周宋之后，尤易以或并或省之，从而迷失了自己的初地。"1934年《霸县新志》，在其沿革中分析得更为透彻："昔之县志，沿袭州志，未设治前，统以所属骇之；既设治后，仍以属邑系之，名实混淆，经界难以为正。"

然而，在地方志编修者们眼中：周世宗显德六年置霸州，才是霸县（霸州）域乃有的"专名"，于是乎霸州作为一县治所的起点被定格在了959年的后周，足足比西汉县治时代的开启推迟了千余年。

汉代益昌县与两"侯国"

皇天后土，积淀着霸州绵长久远的历史。风云变幻，记录着霸州一次次的沉浮、变更与再生。斗转星移，道不尽霸州儿女为之感怀的骄傲与奋争。

益昌县 《汉地志》载："益昌县，汉高帝六年置，元帝永光三年封广阳顷王子婴为侯国，后汉省入安次。"1919年《霸县志》记载，汉高帝六年（前201），刘邦分燕郡，置涿郡，领二十九县。其中第二十县即益昌县，当时统辖之地已涵盖霸州今域的大部分，其故城坐落于霸州东策城镇（今策城村）。那时候，其县域的西部"兼有平曲侯国地"。

平曲侯国 《汉书·景武昭宣元成功臣表》载："平曲侯，公孙浑邪，以将军击吴楚，用陇西太守侯。四月己巳封。"

《史记·惠景间侯者年表》载："以将军击吴楚功，用陇西太守侯，户三千二百二十。六年四月己巳，侯公孙浑邪元年。"

《史记正义》曰："平曲县在瀛州文安县北70里。"《顺天府志》云：“瀛州文安东北之平曲县，当即霸州之平曲城。”

《中国通史》载：汉景帝前元六年（前151），封公孙浑邪为平曲侯于平曲。中国古代地理总志丛刊《太平寰宇记》第三册载："平曲城，在县东32里。汉景帝封公孙浑邪为平曲侯，即此也。"

平曲侯国都城位于现今霸州市的煎茶铺镇平口村。《霸州村镇要览》记载："平口村位于霸州市区东偏南13公里处，总面积2.1平方公里。平口村原名平曲村，此地古时为平曲的国都，后人称为平曲村，今改为'平口'。公孙浑邪逝后葬于其领地，今霸州花桑木村。"

史料载，平曲在清代仍筑有土城墙，只是少了城墙上的女墙。乾隆皇帝还专程为此查访，有自题诗《过霸州》为证：

策马经平曲，春泥衬马蹄。

土城无埤堄，淀水下凫鹥。

野景行逾远，云容看复低。

防边前代迹，往往尚堪稽。

益昌侯国　汉元帝永光三年（前41）三月，帝刘奭封广阳顷王刘建之子刘婴为益昌顷侯，置益昌侯国，国都即今霸州东部的策城村。

从益昌顷侯刘婴开始，后传位儿子益昌共侯刘政，再传位孙子益昌侯刘福时，因正遇王莽篡位，建立新朝，而被免去了侯爵之位，并将益昌侯国更为"有秩"，归涿郡属。

《汉书·王子侯表》关于益昌侯国的记载则为："号谥：益昌顷侯婴。属：广阳顷王子。始封：永光三年三月。子：共侯政嗣。孙：侯福嗣，免。玄孙：涿。"

　　周武帝宣政元年（578），于益昌城内建置堡城，大概是因为修筑内城而需要先拆毁外城之意，而取"拆城"之名。明朝的知州陈于廷又改"拆"为"策"，而得名"策城"，并沿用至今。

唐置益津关、淤口关

　　唐天宝十四年（755），安禄山为范阳（今北京）节度使，与史思明起兵叛乱，史称"安史之乱"，霸州地区是他们挥师进犯中原的主要通道。"安史之乱"平定后，唐代宗广德元年（763），为加强边塞防御，不复"安史"旧辙，遂在此咽喉要冲设置关卡，名曰"益津关"，派兵扼守。

　　益津关位于今天的霸州城内，建于当时拒马河南岸。当时霸州地势低洼，荻苇丛生。西有多条河流汇集的五角、泸水、麻花淀诸淀相连；东有三角淀、金水洼等大片水域通连渤海。还有连接东西

↓ 重建后的益津关

淀水的拒马河、易水、漳河等过其域，唯有霸州城这块宝地为水中高台，方便控制南北交通咽喉于渡口。

《辞海》（地理分册·历史地理）（上海辞书出版社，1978年版）记载："益津关，唐置，故址在今河北霸县。"

淤口关，唐末置。《辞海》（地理分册·历史地理）记载："淤口关，唐置，故址在今河北霸县信安镇……"与益津关、雄县的瓦桥关并称"三关"，为北宋时期的边防要地。宋太平兴国六年（981）建破虏军（相当于州治），后改为信安军。

后周世宗柴荣置霸州

后周世宗柴荣（921—959）在位期间，亲率大军，北击契丹，连克两州三关。而他兵不血刃收复益津关并置霸州，成为他军事政治生涯中的浓墨重彩之笔，并彻底消除了自中唐以来近200年的藩镇割据，终结了"五代"政权频繁更替的败象，奠定了之后宋朝繁盛强国的社会根基。

↑ 柴荣像

范文澜所著《中国通史简编》（人民出版社，1965年版）中写道，世宗收复"三关"等北部中原边陲，延缓（或阻挡）了辽、金及元前期对平原地区向南侵扰的进程。周世宗虽然没有全部实现国土的完整统一，但在交通（指恢复隋唐大运河的航道）上基本恢复了全国的统一。

959年，世宗车驾沧州后，驾御龙舟，沿运河率舟师顺流而北，首尾达数十里。至益津关，守将终廷晖以城降；五月，淤口关降，置淤口寨。周世宗收复益津关后，随取对辽称"霸"之意，颁诏：于益津关置霸州。

《资治通鉴》载："己酉，以瓦桥关为雄州，割容城、归义二县隶之。以益津关为霸州，割文安、大城二县隶之。发滨、棣丁夫数千城霸州。"

↑ 夕照霸台

边关驿道与商贸漕运

古代的霸州，由于地处九河下梢，地阔水宽，是易守难攻的重要关隘；在和平时期，又是南北运河重要的交汇处，漕运的繁盛带动了当地商贸的兴起和繁荣，形成了"帝阙下临通万国，行人至此望燕山"的秀美景观。

明朝旧志记载，霸州"东阻泥沽（今天津蓟州区罗庄子镇），西连涿鹿，北帷天山，南襟河济，上当龙门积石之委，下环天津沧海之洋。九河汇流，三关重地。利开舟楫……"由此，霸州作为"国"之桥头要塞，发达水路交通运输及繁盛商贸可见一斑。

杨六郎威震"三关"口

杨六郎（958—1014），本名杨延朗，后改为杨延昭，并州太原（今山西太原）人，北宋抗辽名将杨业之子，智勇兼备，多次以少胜多击败辽军。宋真宗特召其寻对边之策，并称赞其"治兵护塞有父风"。辽人一度认为北斗七星中的第六颗主镇幽燕北方，是他们的克星，就把他看作天上的六郎星宿（将星）下凡，故称其为"杨六郎"。

1000年，杨六郎以军功升任莫州刺史，后加封莫州团练使。随后一路升迁，于1005年5月就任高阳关路副都部署，负责天津至太行山一线的边防，成为河北路抗辽前沿的总帅。益津关、淤口关、瓦桥关就是他治下的边防要塞。

从后周世宗收复益津关始，在长达166年的时间里，霸州始终是后周及北宋与辽对峙的边关要塞，而益津关又是辽军南侵的主要通道之一。杨六郎统领"三关"军民，除了强固城池，还通过增设边寨、疏通塘泊、围堤蓄水、广植榆柳等多项措施，构筑起强大的军事防御体系，对抵御辽军起到了重要作用。

↑ 霸州名人馆杨六郎塑像

边寨防御 为对抗辽军的铁蹄，杨六郎在霸州及周边分列出15座边寨，其中的14座置于霸州，信安军辖6寨，霸州辖8寨。

溏泊防御 溏泊，是指从泥沽口（今天津大沽口）至保州（今河北省保定市）长达四百里的水域，是北宋利用天然的河道与湖泊，加上人为蓄水，达到"以限辽骑"南扰之目的。《宋史》中称溏泊，《武经总要》中称塘水。据《武经总要》载："宋太宗以为渠田之设，制胡马之长技，又以安抚司专制置缘边浚陂塘、筑堤道，具为条式画图，以付边郡屯田司。"

溏泊是由一连串的大小湖泊、溏淀所构成，东西长超百里，南北阔三十里至六七十里不等，深六尺至丈。当时，自扬芬港始，至信安军御河西，有大光淀、孟宗淀两淀；信安军御河西至霸州莫金口，还有水纹淀、得胜淀、下光淀、小蔺淀、李子淀、大蔺淀六淀；而从霸州莫金口至保定军父母寨又有粮料淀、回淀两淀。

史载："自陶河至泥沽口，屈曲四百里，天设险阻，真地利也。"

榆塞防御 "树榆为塞"源于秦朝蒙恬在北部抗御匈奴时的边防工程。

北宋时期，在塘水不接及的地带加筑堤坝、广植榆柳，是阻遏辽军骑兵突犯的最佳人工屏障。

《武经总要》载："自顺安军东至莫州二十里，皆是川堑沟渎，葭苇蒙蔽，泉水纵横，此乃匈奴天牢之地也，彼则不能驰骋。又东北至雄州三十里，又东至霸州七十里，又东至海水口，皆是营田堤岸，阚水渐洳，此乃匈奴天陷之地也，彼则不能骑射。"

如今，在霸州仍广泛流传着杨家将把守三关口、智胜辽军的动

↑ 霸州六郎堤堤柳

↓ 葭苇蒙蔽，溏泊如筛

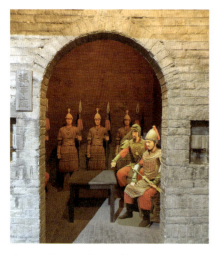
↑ 宋代地下古战道议事厅

人故事与传说，文学作品有《杨六郎大摆牤牛阵》《杨六郎威震三关口》《巧取沙陀》《借寒风》《扳倒井》《穆桂英大摆迷魂阵》《铜帮铁底金线河》《望儿楼与遥祭台》等20余篇。而在1983年版的《霸县地名资料汇编》和2003年版的《霸州村镇要览》中，霸州共有34个村街地名来历与杨家将有关，如武将台、挂甲庄、寨上、包裹庄、披甲营、前营、后营等。

市井榷场——戍边壮国强根基的典范

北宋时期，霸州不仅军事战略地位显著，同时还是民间贸易的重要场所。作为北宋河北路三大榷场之一的霸州，开设时间较早且和战争有着直接的关系。它不仅是互通有无的市场边贸，同时也是宋辽之间正面战争和幕后谍战的较量场，其市场交易的内容直接关系宋辽两军的军事斗争策略和战略博弈。在宋辽对峙的过程中，霸州榷场在军事、经济、文化等各方面都扮演了重要角色。

史载，彼时宋方边贸以茶、丝、布匹为主；辽方边贸以马匹、皮毛、人参为主，双边贸易繁盛80年。

及至明代，当地商业较之前有明显的发展。嘉靖《霸州志》记载，城中每十天有集市四次，乡村集市有苏桥、煎茶铺、南孟、堂二务、汊河（岔河集）、辛店、拆城（策城）和长屯等八处。至清代，商业较前更为发达，各个集镇店铺显著增多，尤其是信安和胜芳两大古镇的商业活跃度已跃居州县之首。

漕运繁盛之地——信安

信安隋唐永济渠 《宋史·河渠志》记载："其水东起沧州界,拒海岸黑龙港,西至乾宁军,沿永济河合破船淀、灰淀、方淀为一水……东起乾宁军(今沧州青县),西(至)信安永济渠为一水……东起信安军永济渠,西至霸州莫金口……"

根据上述文字记载,北京物资学院运河文化研究所所长陈喜波教授分析认为:隋唐大运河——永济渠经过信安,北向经过今天的永清县、安次区,而后到达蓟城。不过他又说,此处的信安,当理解为信安军域内,并非指信安城。而信安南向的永济渠河道因所保存文献尚未发现确切的记载,无法判定具体的河道走向。但他依据地方志判断,向南应经过东南向的文安、大城的三河汇流的淤河口。

中国古代地理总志丛刊《太平寰宇记》第三册记载:"御河,在(乾宁军,今青县)城南十一步,每日潮水两至。其河从沧州南界流入本军界,东北一百九十里入潮河,合流向东七十里于独流口入海。此水西通淤口(今霸州信安)、雄、霸等州水路。"此处的潮河,陈喜波教授认为:当为潞河,系潮河与白河汇流之地。潮河与永济渠合流处向西还有一条河流可抵达淤口(关)、霸州、雄州等处水路,而这条水路当为拒马河。陈教授分析,《太平寰宇记》实际上描述的是五代和宋朝时的河流走向,柴荣利用拒马河一段开辟的御河,并非隋炀帝时开凿永济渠的原道。因为,古时由于永定河(清前称浑河、不定河)泥沙俱下,不断淤塞下游,至河道不断改变其流程与走向;且古人开河挑渠多利用自然河流，顺势而为之。

　　信安漕运　信安，建于西汉初年，相传西汉大将韩信曾在此安营屯粮，因而得名信安。

　　自金代以来，信安就利用河道上的便捷，一举成为中国北方著名的粮食集散之地。《金史·河渠志》载，河北之粟系由衡水"*经深州会于滹沱，以来献州、清州之饷，皆合于信安海壖，溯流而至通州，由通州入闸，十余日而后至于京师*"。也就是说，献州、清州的漕粮必先经水路汇集于信安后，再入京师。

　　进入元朝之后，信安的粮食贸易更加繁荣，一直是京津地区最大的粮食榷场。官府在镇上设有粮官、斗行，当时就有"里七外八十五面斗"（城里七个斗行，城外八个斗行，共计十五个斗行）之说，各类粮食冠若石山。以清末斗行之一的"普斗号"为例，

↓ 信安山西会馆复原图

每天粮食的流转量都超过1200石（约20万斤）。故当地民谚有：

"金石沟，银胜芳，铁打的左各庄，赶不上信安一后晌儿。"

外埠通商前沿直隶镇——胜芳

　　胜芳地处天津海河流域的上游，位于霸州市的东部，始建于春秋末期，原名堤头村，后改武平。北齐武平元年为避圣上忌讳改名渭城。北宋嘉祐年间，因其周边荷花十里，碧叶连天，风景秀丽，遂取"胜水荷芳"之意，更名为胜芳。古老的中亭河穿镇而过，是清代我国北方著名的水陆码头，被冠以"南有苏杭，北有胜芳"之雅称。地方志载："水则帆樯林立，陆则车马喧阗，百货杂陈，商贾云集，列为直隶六镇之一。"《畿辅通志》载，胜芳清初年有"人家万户"。

↓ 胜芳中亭河

至清末，胜芳商会所辖涉及钱庄、典当行、粮油行、绸缎棉布业、百货杂货业、烧锅及醋酱业、珠宝首饰业、煤炭行、芦席草编业、竹木业、鞋帽服饰业、医药行、茶叶行、餐饮服务业、糕点铺、赁货铺、干鲜果品店、缸瓦瓷器店、书店、照相馆及贸易公司等各种店铺500余家，造就了一批富甲一方的行商坐贾，其中"胜芳八大家"便是突出代表。

"胜芳八大家"有吉庆堂蔡家、留耕堂王家、承启堂王家、师竹堂王家、笃庆堂杨家、敬胜堂王家、聚兴堂张家、清太堂牛家。其中，吉庆堂蔡家主人蔡慕菡，号称有良田"双千顷"，其一家的土地就占当时霸州土地的二分之一，并置有载重2吨~5吨大小船只百余艘。同时拥有"立祥栈""立裕成"等粮行和"立泰成"缸瓦店。蔡家还开办"立昌永""立丰号"两个钱庄，日流动金额高达十几万银两，经官方批准，同时发行用于流通的地方钱票。其在天津除设有"吕厚堂""树德堂""荫德堂"三大粮行外，还在奥租界办起了"天聚当""怡合斗店"等，是天津裕津银行最大股东，担任着常务董事。在清末列强殖民、民不聊生的旧中国，蔡家以实业救国为己任，相继开办华北造纸厂、利和毛巾厂，并接办丹华火柴公司和丹凤织袜厂，成为华北首屈一指的实业家。

东淀的红色火炬

《水经注》《新唐书·志》都记载霸州有大小诸淀99个。清乾隆亲撰《淀神庙碑记》中说：*"西淀之大，周300余里，概州一，县四。东淀尤大，周400余里而多，概州县七，其为薮泽也广。"* 至民国，因河沙淤积，逐步缩小，西起靳家铺，东至扬芬港，总面积仅存270多平方公里。

就是这样一片一望无际、茂密丛生的大苇塘，为华北的抗日战争和解放战争作出了不可磨灭的贡献。

↑ 霸州东淀大苇塘

霸州东淀大苇塘抗日根据地

抗日战争时期，东淀大苇塘成为保护冀中军区各级党、政、军领导机关的天然屏障和打击日本侵略者的根据地与指挥中心。自1942年起，先后有冀中十分区机关、十地委机关、《冀中导报》、分区"烽火剧社"，邻近十多个县的党政机关、分区部队、县大队、区小队、分区兵工厂、电台等总计3000余人先后进驻此地。

1942年9月，冀中十分区司令员刘秉彦、政委旷伏兆等率分

↑ 抗日烽火时的菡萏地

↑ 菡萏地为纪念十分区司令部所建饮水思源水塔

区、地委机关和部队先后在大苇塘深处的菡萏地建立营地。

当时在东淀大苇塘周围驻有5000多名日伪军，敌人每隔500米修一岗楼，并实行了"1日3伪"（1个日军配3个伪军）、"1伪3夫"（1个伪军配3个民夫）的铰链式封锁。为坚持苇塘斗争，我方将顽固不化、通敌叛国的胜芳镇伪镇长薛文彬活捉至苇塘内，有力地震慑和打击了当地地主豪绅的嚣张气焰，化解了大苇塘因被围困而给养不足的问题。

史料记载：《冀中导报》、冀中十分区《黎明报》在这里得以诞生或复刊，供给部还在这里创办起了修械所、兵工厂、缝纫厂。

胜芳保卫战

1947年是国民党军向我解放区疯狂进攻的一年。陕甘宁边区政府后勤机关、鲁艺、陕北公学等非战斗单位4000余人东渡黄河，转移至晋绥军区贺龙控制的晋西北地区。阎锡山发现我军在晋西北只有万余人，便乘虚而入，调集部队加以"围剿"。

为减轻晋西北的压力，毛泽东主席采取"围魏救赵"的战略，命令晋察冀军区沿正太路向山西方向进攻；命令太岳军区陈

↑ 《冀中导报》封面

↑ 《晋察冀画报》封面

↑ 《晋察冀画报》内文

赓部从晋东南向太原方向进攻，迫使阎锡山放弃北攻晋西北的军事行动。同时，为防止驻扎在京、津、保三角地带的牟廷芳94军西援正太路，攻我后背，晋察冀军区司令聂荣臻要求冀中军区务必在大清河一线拖延牟廷芳六至七天，不使其西移打援。

↑ 胜芳保卫战战地沙盘模型

1947年4月，国民党94军121师、整编62师95旅、16军22师等部及王凤岗保安团和文安保警队等共15000余人，在飞机、坦克和多种火炮配合下准备突击我军胜芳防线。面对敌人的强大攻势，冀中十分区采取内线防御、外线游击的策略，巧妙与敌军周旋。

4月8日，我军用半天一夜击退敌人冲锋6次，毙敌160余人；9日，仅一个昼夜就阻敌进攻12次；10日、11日、13日，敌人累计出动飞机40余架次，投弹8000余枚，企图一举突破胜芳的护城河，都被我军一一化解。14日晚9时，我军通报：由于华北野战军在石太线的主动出击，迫使阎锡山从晋西北撤兵回保太原，胜芳保卫战自此达到了预想的战略目的。

此次战役，被列入由历史学家梁寒冰、魏宏远主编的《中国现代史大事记》（黑龙江人民出版社，1984年版）。

接管天津工作指挥部

1948年11月，为顺利接管天津这座中国近现代第二大工商业城市，平津战役打起后不久，党中央就确定了接管天津的组织机构和组成人员。刘亚楼司令员曾诙谐地说，解放天津有两个指挥部，军事指挥部在杨柳青，接管指挥部在胜芳。

随后中央及华北局先后抽调大批干部在胜芳集结进行学习培训，胜芳镇成为催生天津新政权诞生的红色摇篮。集合在胜芳镇的接管干部有7400余人，这些大都是经过华北党校、华北联大、中央团校、冀中党校培训的干部，也有从渤海军区、晋察冀和晋冀鲁豫解放区调来的干部，再有就是来自天津地下党的组成人员。

1948年12月，黄克诚在胜芳为即将进津的高级干部作了《接管天津的任务与方针》的讲话。

为加强战前动员和接管天津后的社会宣传，指挥部在这里同时组建了天津日报社、新华社天津分社和天津新华广播电台（一套人马，三个牌子）。天津市军管会特请示毛泽东主席，为正在筹备即将付梓的《天津日报》题写了报头。

↑ 在霸州胜芳进行新闻接管前的培训

　　霸州人自古好文喜武，通达干练，始终牢记"先天下之忧而忧，后天下之乐而乐"的古训。文人不为"五斗米而折腰"，武将"宁为玉碎，不为瓦全"，铮铮铁骨书写出霸州的豪迈誓言。

↓ 翰林编修吴邦庆深入海河流域考察海河各干支流走向及水势流程，著成《畿辅水利丛书》

中国历史文化名城

河北霸州

第二章

文功武略

栋梁之材跃然纸上

↓ 魏大光领导的华北人民抗日联军第27支队

名臣武将

霸州历史上名臣武将云集，士子辈出，古代的郝经、郝彬、樊忠、王遴、刘绖、郝惟讷等人，或在政治舞台风云叱咤，或在军旅江湖操戈待旦，各领一代风骚，若七彩云霞，光耀着后世百代。

↑ 公孙浑邪像

汉平曲侯公孙浑邪

公孙浑邪（生卒年不详），甘陕地区义渠人，著名军事家、阴阳学家。在汉文帝刘恒时期（前179—前163）归汉，因功被任命为陇西太守，后又晋升为典属国，主管西汉的各附属国和域内的各少数民族事务。一生著书十余卷本，其中15篇被纳入《汉书·艺文志》。因其在平定"吴楚七国之乱"时立有大功，被汉景帝封为"平曲侯"，辖3220户。平曲侯国都城就位于现在霸州煎茶铺镇的平口村。

↑ 郝经像

元文忠公郝经

郝经（1223—1275），字伯常，祖籍山西陵川。金末元初，为避战乱随其父郝斯温移居霸州信安，投奔同宗郝氏。

郝经是元朝著名经史学家，元世祖忽必烈驾下著名政治、军事谋臣。主张君主应"仁民爱物"，各民族平等。他所倡议的以唐宋辽金管理之法改造游牧民族的模式和以儒家文化改造边疆少数族裔的见地和思想受到忽必烈的赏识和推行。

1260年，忽必烈登帝位，随派郝经出使南宋媾和。南宋宰相贾似道不让郝经觐见南宋皇帝，把郝经扣留在真州（今江苏仪征）长达16年。其间，郝经狱中"讲学不辍"。直至忽必烈再次举兵攻打南宋，贾似道才将郝经放回。1275年，郝经病逝。郝经被后人誉为元朝的"苏武"，得封冀国公，谥号"文忠"。

↑ 忽必烈派郝经出使南宋媾和

郝经一生著书颇多，撰有《续后汉书》《春秋外传》《甲子集》《易》《通鉴书法》等文集数百卷。其文丰蔚豪宕，善议论，诗多奇崛。这些著作大都被收入《陵川文集》。

元两部尚书郝彬

郝彬（1259—1320），字景文，名元良，霸州信安人。自幼聪慧，智勇过人。元世祖初年，16岁的他就做了太子（成宗）的宿卫，25岁时被提拔为扬州路治中。后经御史举荐，任同知淮西道宣慰司事。

由于他能力突出，被调任为江淮财赋府总管。江淮财赋府是元朝特有的官署，其官

↑ 郝彬像

员的任免、财务的开支都直接由太子掌管的詹事院说了算，奏授不归中书省——元朝的中央政府管，这往往被奸吏利用。郝彬书"总管谏言"：设置宪司纠察，以革除私弊；罢免所辖六提举司，以疏解百姓疾苦。元世祖采纳了他的谏言。

元朝的财赋，其盐税就居百分之八十，而江淮之盐又独占天下之半。当时，江淮一直是两军作战的前线拉锯之地，导致盐税收入日微，世祖于是授郝彬以户部尚书之职去处理。他乘坐舟楫，每至通路里所，督建六仓，并煮盐于场区，及时运送积压库存；同时规定了河商、江商市场交易规则，盐税交易随即回归正轨。

元大德八年（1304），郝彬改任工部尚书，又户部尚书拜中书参知政事，不久被免职归尚书省，后又复任参知政事。皇上命他兼任大司徒，他却不受，并多次据理力争，恳请免其职，都未获批。于是，皇上召集群臣商议治其罪，郝彬终因没有把柄握他人之手，才得以幸免。

元延祐七年（1320）三月，郝彬病逝，被元仁宗赠封为荣禄大夫、蓟国公。

明英宗护卫将军樊忠

樊忠（1400—1449），霸州城关人。明朝第六位皇帝英宗驾前护卫将军。

樊忠祖籍江西，其父樊明臣曾任燕王朱棣的护卫，因随燕王扫北立有战功，后升为天津卫镇抚将军，举家搬至霸州定居。根据当时之规定，樊忠继承父亲军籍，列入皇家卫队御林军，后逐步升职到护卫将军。

明正统十四年（1449），蒙古的瓦剌部向山西大同一带发动进攻。权倾一时的司礼监王振，不顾百官的反对，挟持明英宗御驾亲征。征讨军于八月初一抵达大同，便遭到蒙古瓦剌部20万骑兵的正面拦截，慌乱中的王振急忙下令撤回京城。由于收敛了二十几车的财物，沿途行动迟缓，到八月十三日才撤到怀来县的土木堡。八月十五日，樊忠率领御林军拼命阻击尾随而至的追兵，得知皇帝已被瓦剌骑兵掳走后，冲入敌阵奋勇杀敌，终因血尽力竭，被敌枭首马下。死时，年方49岁。

有感于樊忠为国捐躯的英勇行为，明景帝朱祁钰颁旨于怀来县土木堡建"显忠祠"，并特制樊忠鎏金铜头与其尸身合并，礼送霸州老家安葬。明英宗复位后又亲题"光前裕后"大字，立碑于墓前。

↑ 樊忠像

↑ 樊忠土木堡之战为国捐躯

明朝"两京"兵部尚书王遴

王遴（1523—1608），字继津，霸州煎茶铺人，明嘉靖二十六年（1547）进士。曾任边关主帅、工部尚书、户部尚书、南京兵部尚书、北京兵部尚书，故世人称其"两京"兵部尚书。死后赠封"太子太保"，谕

↑ 王遴像

祭葬。明熹宗追赠谥号"恭肃"。

王遴在兵部任员外郎时，好友杨继盛参奏权相严嵩欺上瞒下、专权误国，被下诏狱，王遴探监，杨继盛以后事相托。王遴不但为杨继盛收殓发丧，还把自己的女儿配给杨继盛的次子为妻。之后王遴继续上本弹劾严嵩为孙子冒功请赏之事，迫使严嵩撤掉为其孙冒功申请。

严嵩寻事把王遴逮入锦衣卫狱，可是怎么也罗织不出罪名，只得放出。为防王遴在京继续参奏，严嵩擅权把他外放到山东兖州任兵备副使，又使计将其调守边关岢岚。

在岢岚，王遴根据山川地形依次修建多处寨堡，建立军民联防组织。他还组织军民筑渠引水，屯田自给。历年余，敌人不敢犯。于是王遴又被严嵩爪牙罗列"只种地，不打仗"罪名，被降职三级。

明嘉靖四十四年（1565），严嵩倒台，王遴被提升为陕西延安、绥德巡抚，后又调任宣化巡抚、兵部侍郎、提督京营。

1572年，明神宗登基，次年改元万历。时正值西北边关告急，王遴主动请缨，皇帝感其胆识气魄，赐"飞鱼服"督导陕甘四镇以除边患，两年后，边关安定，王遴力辞回乡。

万历十年（1582），王遴出任南京工部尚书、兵部尚书。不久，升调户部尚书，主管全国的粮税和财政。内宫当时采购了一批江南织造为太后做寿，皇帝吩咐户部拨款，却被王遴一一挡回，还给皇帝上书言理财七事，其中几条明显都是针对皇帝的。万历帝阅后，面露愧色地说：关乎朕的事已经知道了，就照此执行吧。不久，王遴改任兵部尚书。

兵部任上，王遴督导修葺了蓟北长城和辽东城防工事，严查各地冒领军饷、吃空额的状况，罢免了利用宦官势力升职的官员。

王遴一生著作颇多，有《二镇疏草》《奏议》《上杨大司农书》《文霸水利议》《大隐堂诗集》等。

晚明第一猛将大刀刘綎

刘綎（1558—1619），字省吾，祖籍江西新建，万历年间武状元。1592年，因北上朝鲜抗击日寇，举家迁至霸州，落户于城关摆渡口。

↑ 刘綎像

刘綎自万历初年出道，驰骋疆场40余年，曾转战江浙、云贵、川甘、辽数省，出征于缅、朝等国，与所在国共同抗击日寇的侵略。《明史·刘綎传》载，刘綎所使镔铁刀"百二十斤，马上轮转如飞……天下称刘大刀"。历任云南总兵、四川总兵、临兆总兵、辽阳总兵等职。

1619年，刘綎参加萨尔浒之战，由于主帅部署失当，而深陷重围，但仍拔敌数寨，终因力气耗尽而血洒疆场。

↑ 台湾威灵庙中刘綎神像

《明史·刘綎传》载："刘綎于诸将中最骁勇……大小数百战，威名震海内。刘綎死，举朝大悚，边事日难为矣。"

天启初年，明熹宗赠封刘綎为"太子少保"，建表忠祠祭祀

之。明崇祯元年（1628）移葬于故里新建县，清乾隆帝追谥为
"忠壮"。

↑ 王胤懋像

↑ 郝惟讷像

铁脸忠臣王胤懋

王胤懋（？—1644），字有怀，霸州东
关东庄人，明熹宗天启四年（1624）举人，
崇祯四年（1631）二甲进士第二名。曾任户
部主事、员外郎，山西太原知府，山西宁武
兵备副使。在户部主管北京九门税收时，因
拒收贿赂，照章征税，查扣违禁品，且脸黑
如包拯，被时人称为"王铁脸"。

1644年，王胤懋奉命和总兵周遇吉镇守
山西宁武关时，遭李自成百万大军围攻。王
率部顽强阻击，然城破，王胤懋杀身成仁。
清高宗乾隆皇帝阅到王胤懋的事迹后，感佩
其忠，亲自赐谥"烈愍"。自此，东庄改名
为"王铁脸村"。其事迹被后人编入戏曲
《表忠记》《宁武关》《别母乱箭》《铁冠
图》等剧本中，传颂至今。

清朝五部尚书郝惟讷

郝惟讷（1623—1683），字敏公，一字
端普，霸州煎茶铺镇郝青口村人。清顺治四年（1647）进士，遂
任福建督粮道台、寻署按察使。因在筹集军粮、支援前线、剿匪安

民方面立有大功，被评"卓异"，升调朝中任职。在朝廷设置的九卿中，任过八卿；在朝廷六部中，任过礼部、工部、刑部、户部、吏部等五部尚书，世称"九卿历其八，六部任其五"。

在刑部尚书任上，当时康熙皇帝还没有亲政，鳌拜专横假拟"圣旨"，曾要刑部杀反对他的大臣苏纳海等三人，郝惟讷挺身"抗旨"不遵，从而使康熙认识了这位面对强权仍能主持正义的大臣。康熙亲政后，即调他任吏部尚书，直到他去世为止。

郝惟讷任职期间，为刚刚起步的清廷拟定了多项法规制度，如取消王爷封地，改为俸禄制；满族人不许收关内汉族人入旗；国家只在夏、秋两季征收农业税；各省主管教育的官员必须进士出身，并直接向礼部负责；取消巡按御史制度，各省常设巡抚。对受到处分的贪官污吏永不录用；"正途"官员和"捐班"官员分别补用等。留有《郝恭定集》等5部专著。

康熙二十二年（1683），郝惟讷逝于京城。康熙帝为他敕赐"碑文"，称其"气量宽和，操守端洁"，并示"朕倦倦不忘"之意，谥号"恭定"。

↑ 郝惟讷领吏、户二部最久，法制多经其裁定。凡事持大体，遇会议、会推、朝审，委曲斟酌，期于至当。敷奏条畅，所见与众偶有同异，开陈端绪，不留隐情，上深重之，往往从其言

清朝河道总督、漕运总督吴邦庆

吴邦庆（1765—1848），字霁峰，霸州东关人，清嘉庆元年

↑ 吴邦庆像

（1796）进士，翰林。曾任监察御史、内阁侍读学士，湖南、福建、安徽、江西巡抚，漕运总督，河东河道总督。

在任监察御史时，为防止皇帝与辅政大臣讨论的机密大事被军机处高官泄露给利益相关人，而拟就的《军机章京宜令大员子弟回避疏》之奏章，被皇帝赏识且采纳。

在任山西布政使、河南布政使、湖南巡抚、福建巡抚、安徽巡抚任上，吴邦庆以敢说敢干、雷厉风行而名闻朝野。每到新任，他首先惩治贪官、裁撤冗员。他禁止豪绅大户"包缴皇粮"，让农户自缴到库，防止出现中间盘剥。在抗震救灾中，他带头捐献俸禄，坚持发粮到户，受到百姓的拥护和爱戴。在查究黄河马家营大坝修建舞弊案时，因"审案过悛"而被参免职，然皇帝优叙，让其担当翰林编修。

十年编修，吴邦庆没有消沉，他走遍河北的山川河流、湖泊港汊，计算湖淀容量，考察河水来源和出海口，又搜集校定前人对海河流域治理的偏颇，形成了对当今河流治理仍有参考价值的《畿辅水利丛书》，成为后来者治理京、津、保区域水患，兴水避害的重要参考大典。

清道光十二年（1832），吴邦庆接替林则徐任漕运总督，不久，又任河东河道总督。针对大运河枯水期漕船不能北上的问题，他开创性地沿运河凿井，置水车，向枯水河段补水，通过分段节制，设置船闸以蓄水等系列措施，使漕船完成逐级抬升，一路向

↑ 翰林编修吴邦庆深入海河流域考察海河各干支流走向及水势流程，著成《畿辅水利丛书》

↑ 吴邦庆署理漕运总督沿大运河巡案

北行进。他拿出治河常年经费的六成，预先购置修堤的石料、木桩、麻袋等储备于河堤险段，待大水汛期时就近取用，为国家节省大量开支。他还在黄河沿岸马家营、蔡家楼修建大坝，清除黄河淤沙，围垦良田7000余亩，对澄出的净水再回补到运河。由此一举而三得。

清道光二十八年（1848），吴邦庆逝于北京。皇帝赠封其上三代如其官，归葬于霸州东关南部二里的吴氏墓园。

清闽浙总督边宝泉

↑ 边宝泉像

　　边宝泉（1831—1898），字廉溪，号
润民，其祖先随清军入关，在霸州城内定
居，属汉军镶红旗，同治二年（1863）二
甲第七名进士、翰林。曾任给事中、监察御
史、陕西巡抚、河南巡抚、福建巡抚、闽浙
总督，是洋务运动的重要推动者和戊戌变法
的拥护者。

　　同治十二年（1873），边宝泉任给
事中。这时，发生了"杨乃武与小白菜"
案。官司一直打到州府，都维持了原判。边宝泉以"言官"身份
上本要求将此案上调刑部审理，终得慈禧太后准允，到光绪元年
（1875）通过"三法司"会审，才使杨乃武冤情得雪。此案被撤
职查办官员上百人，举国震动。

　　光绪二十一年（1895），福建发生"古田教案"。英、美等
多国政府向清政府提出无理要求，要求惩办凶手、赔偿白银数百万
两，同时将军舰开到马尾港外，以开战相胁迫。清政府敕令满足
英、美的要求。边宝泉却坚持只惩办凶手，决不赔款，同时加强沿
海防守，用炮击做"演习"，使敌不敢近。

　　甲午战争失败后，边宝泉进一步强化闽浙海防，构筑炮台多
处，其中最著名的是厦门胡里山炮台，其炮身长13米，高4.6米，
宽5.29米，口径280毫米，射角360度，重50吨，射程达20公里。
2000年，胡里山炮台被列为国家重点文物保护单位，同时以"世
界现存原址上最古老最大的十九世纪海岸炮"荣获上海大世界基尼

斯最佳项目奖。

清史载，1898年，边宝泉"因昼夜焦劳，老病交侵，两疏乞休，优诏不准。九月九日毙"。边宝泉逝后，被追赠为"太子少保"，葬于故里霸州东高家坟村。

↑ 边宝泉任闽浙总督、镇闽将军领兵部尚书衔，加封督察院右都御史期间，以加强闽浙海防为第一要务，他建工厂、造兵船、聘洋员，被称为近代洋务运动的开拓者之一

↓ 福建厦门胡里山炮台

英雄儿女

自鸦片战争后，中国陷入了内忧外患的黑暗境地，人民处在战乱频仍、山河破碎、民不聊生的深重苦难中，无数仁人志士和爱国青年为了推翻压在中国人民头上的帝国主义、封建主义和官僚资本主义的三座大山，实现民族的独立、人民的解放、国家的统一，抛头颅、洒热血，不屈不挠，前仆后继，用惊天地、泣鬼神的英勇拼搏与奋斗，谱写了一曲曲彪炳史册的壮丽凯歌。他们的名字永远值得党和人民铭记在心中。

中国近代史妇女运动先驱张秀岩

张秀岩（1901—1968），霸州大高各庄人，北平女子高等师范学校毕业。1926年加入中国共产党，先后担任中国共产党的七大代表，第一、二届全国人大代表，第四届全国政协常委和第二届全国妇联执行委员等职，是中国共产党杰出的女革命家。

张秀岩于1919年考入北平女子高等师范学校，在李大钊的引领下，她积极参加京津两地的学生运动，结识了周恩来、邓颖超、郭隆真等学生领袖，1926年经李大钊谈话发展入党。

在张秀岩的影响和带动下，她和4个侄子、8个侄女组成了姑侄革命团队，一起传

↑ 张秀岩

播马克思主义，一道参加反帝反封建、推翻腐败政府的革命运动。至1937年前，她有2个侄女、2个侄子、2个侄女婿先后加入中国共产党。到解放前，她共有7个侄子、侄女先后加入了中国共产党。毛泽东主席曾在党的七大上对张秀岩称赞道："你改造了一个家庭。"

1934年，张秀岩转战天津，担任中共天津市委副秘书长、天津文化界总同盟党团书记。党组织安排她和河北省委宣传部部长李铁夫（朝鲜共产党的创始人之一）以夫妻身份"住机关"。他们最终成为革命一生的伴侣。

1936年，张秀岩在担任天津市委委员兼妇女运动工作部部长期间，创办了《天津妇女》《华北烽火》《民众抗日救国报》；组织了"平津学生联合会"，领导了反对"何梅协定"、反对"冀察政务委员会"、天津"12·18"抗日救国示威游行等运动，并向延安秘密输送了大批优秀的党团员和革命青年。

↑ 张秀岩、李铁夫夫妇合影

1938年，张秀岩任中共陕西省委常委、妇女运动工作部部长，组建了陕西省女界慰劳会，在省内各县成立妇女夜校、姊妹慰问团、救护队、宣传队。后调中央组织部工作。

解放战争时期，张秀岩被调到城市工作部，主管平、津、保等城市地下党工作。

解放后，张秀岩历任北京市委委员、妇委书记，政务院监察委

员，监察部部长助理。1959年因病离职休养。1968年12月含冤病
逝于狱中。

1979年12月25日，中共中央在八宝山革命公墓为张秀岩举行
追悼会。姚依林、康克清、邓颖超、彭真、薄
一波、宋任穷等中央领导出席了追悼会。

以笔投枪、英年就义的张采真

张采真（1905—1930），学名士隽，霸州
策城人，1905年3月出生于吉林省磐石县。

1917年，张采真随四爷举家回到霸州。
1920年，考入天津南开中学。1922年，进入北
平汇文大学预科班，半年后考入燕京大学。

大学期间，张采真就在李大钊、孙伏园
主编的《晨报副刊》等刊物发表进步作品和译
文。其翻译的莎士比亚剧本《如愿》，1927
年由北新书局出版。由于毕业论文出色，张采
真荣膺燕京大学金钥匙奖。

1927年初春，张采真应好友中共党员刘谦
初之邀去武昌新建的第十一军政治部工作。及
至汪精卫"清共"，便随同刘谦初前往上海。
其间翻译出版了苏联作家塞蒙诺夫的著名小说
《饥饿》。是年，又随刘谦初到福建漳州中共
闽南临时特委工作。1928年，由刘谦初介绍加
入中国共产党。是年冬，张采真调上海党中央

↑ 张采真

↑ 《饥饿》书影

宣传部，编辑中央机关刊物《布尔什维克》杂志。次年任职党中央秘书处，与李立三、周恩来、瞿秋白、李维汉等党中央领导人共事。

1930年春，张采真担任当时党中央书记向忠发的秘书。同年夏，调任中共中央长江局秘书长，在任弼时、关向应领导下工作。其间，他积极参加左翼文化运动，以"晴帽"笔名，在《创造月刊》《语丝》等刊物发表介绍奥地利革命儿童文学作家至尔·妙伦的作品——《真理的城》等十篇译作。后以《真理的城》为书名结集，署名萤岚，交由北新书局出版。1931年，该书被国民党当局以"提倡阶级斗争"为由遭到查禁。

1930年11月14日，由于叛徒告密，张采真在武汉被国民党当局逮捕，12月27日被枪杀，时年25岁。

民主革命进步人士、诗人柳亚子在得知张采真牺牲的消息后，写下悼诗：

> 霸才无命奈伤神，燕赵悲歌张采真。
>
> 愁向晴窗读《饥饿》，汉皋碧血已轮囷。

甘苦与共、淡泊名利的吴景之

吴景之（1909—2009），霸州东关人，是清朝漕运总曹、河道总督吴邦庆的六世孙。

中学阶段，吴景之受进步人士影响，对国家和革命的认识逐步深入。1932年暑假，她在北平参加了党的外围组织——反帝大同盟所领导的反蒋抗日救亡运动。1933年7月，吴景之从天津女师学院毕业后，受组织委派，先后在天津、河

↑ 吴景之

北、宁夏等地任国文教员，积极宣传革命思想。1937年8月，抵达延安，同年10月到延安陕北公学学习，1938年1月加入中国共产党，毕业后留在陕北公学工作，先后任女生队指导员、分校区协理员兼总支书记、宣传科科长、组织科科长、党总支书记等。1942年与李维汉同志结为革命伴侣。1942年冬至1947年春，先后任陕甘宁边区政府研究室、行政处、办公厅秘书。1947年初，调中央城工部秘书处，负责民主人士的联络、协调、接待工作。1949年，参加新政协的筹备。

新中国成立后，历任中央统战部干部处（局）干事，机关党委办公室主任、副书记，文化处（局）副处长（副局长），知识分子工作处（局）副处长（副局长）等。"文革"中受到冲击，下放干校劳动。1978年后，任中央统战部干部局副局长，积极参与拨乱反正工作，落实起义投诚人员政策，同时协助李维汉同志撰写革命回忆录。1982年6月离休后任中央统战部咨询组成员、党支部书记。

↑ 吴景之（右）与李维汉及女儿合影

2009年8月4日，吴景之同志因病医治无效在北京逝世，享年100岁。

戎马倥偬、育国栋梁李曙森

李曙森（1910—1998），1934年毕业于国立北平师范大学英文系，文学学士，霸州人。第五届全国政协委员，天津市第八、第九届人大代表，天津市第六、第七届政协副主席。

抗日战争爆发后，李曙森加入由太原成成中学全体教职工成立的游击队，并于1937年9月参加八路军，1938年3月加入中国共产党。其间，先后任山西新军第二纵队政治部宣传科长、六团政治处主任兼政治委员、晋绥军区第八军分区政治部主任、中共晋绥分局八地委委员、晋绥军区联络处长等职。

解放战争时期，历任东北人民自治军总政治部宣传部长、中共嫩江省委宣传部副部长、哈尔滨市教育局长等职。

新中国成立后，先后担任中央人民政府外交部亚洲司专员、教育部社会教育司副司长、高等教育部工业教育司司长。1953年11月，李曙森受中央委派到天津大学工作，先后担任天津大学副校长、党委书记、校长、名誉校长。

1961年，李曙森被委任为高等学校"领导体制问题"起草小组的组长，拟就的《关于高等学校贯彻党委领导下的校务委员会负责制的工作条例（草案）》，搭建起新中国高等院校内部管理的新格局。

在教育管理实践中，他着重强调理、工、文的相互渗透与交叉，借以培养出具有跨学科综合性研究能力和创新能力的栋梁之材。他始终认为：教师不搞科研就不能真正提高教学质量，就会退化成纯粹的教书匠，教授学生现代化的知识技能就会成为一句空话。

1983年5月，被高教界称为"835建言"的联名信，是由李曙

↑ 青年李曙森

森执笔完成的，成为日后高等教育"211工程""985工程"启动的先导。

2000年，《李曙森文集》出版，时任中共中央政治局常委、全国人大常委会委员长李鹏为该书题写了书名；原中共中央政治局常委宋平为该文集题词："李曙森同志是忠诚的共产主义战士，无产阶级教育家，为新中国教育事业作出了重要贡献。"

舍生取义、抗日英雄魏大光

魏大光（1911—1939），原名纪青，曾用名占瀛，霸州堂二里镇大韩家堡村人。1935年，魏大光在天津码头当搬运工，受中国共产党先进思想影响，积极参加抗日救亡运动。次年冬，他和沧州一青年夜入日本人开设的工厂，掐断电源、砸坏设备而遭捕入狱。

"七七事变"后，魏大光与难友破狱而出，回到家乡组织抗日武装，在霸州堂二里一带发展游击武装。1938年3月，这支武装接受中国共产党的领导，定名为"华北人民抗日联军第27支队"，人员达到4000余人。

在27支队，魏大光胆大心细，作战勇敢，屡建战功，留下许多传奇故事。他经常与同志们化装潜入天津，贴标语，散传单，炸毁市警察局附近的输电线路，使敌人闻风丧胆，惶惶不可终日。

1938年11月底，27支队被改编为八路军冀中军区独立第5支队，魏大光任司令员；翌年，又编为八路军120师独立2旅，魏大光任

↑ 魏大光

旅长。参加了著名的齐会、卧佛堂、沙河桥等战斗。

↑ 魏大光及华北人民抗日联军第27支队在抗日前线

1939年5月，魏大光奉命返回霸县（州），收编地方武装，扩大抗日队伍。8月26日，他乘船准备赴黄庄子村开会途中，与中亭河行进中的日寇汽艇遭遇，激战中壮烈牺牲，时年28岁。

1939年9月，120师师部在河北省灵寿县召开追悼大会，廖汉生主持，贺龙、关向应送挽联。不久，叶剑英在《八路军军政杂志》上发表了《悼八路军魏旅长大光光荣殉国》的文章，称他"为国家尽了大忠，为民族尽了大孝"。

奥林匹克勋章获得者荣高棠

荣高棠（1912—2006），曾用名高堂，霸州堂二里镇人。1932年考入清华大学外语系。1933年加入中国共产主义青年团，曾任清华大学团支部书记、北平西郊区团工委书记。后因叛徒出卖而遭捕入狱。出狱后，1936年加入中国共产党。

全面抗战爆发后，荣高棠担任"北平学生移动剧团"党支部书记，前往抗战前线进行战地巡回演出。1938年8月，抵达延安，进入中央马列学院学习。1939年曾先后任中共川东特委委员、青委书记、宣传部部长兼

↑ 荣高棠

南方局青委委员。后又调往成都，任中共川康特委书记。1941年6月，调入重庆八路军办事处，在周恩来手下工作，任中共南方局组织部秘书。1946年初，先后任军调处执行部中共方面行政处副处长、处长。解放战争爆发后，任中共华北局城工委委员，中央团校教育长。

新中国成立后，荣高棠历任团中央秘书长、书记处书记。筹备召开了全国学联代表大会、全国青联代表大会和新民主主义青年团代表大会。筹备召开了中华全国体育总会成立大会，出任中华全国体育总会副主席兼秘书长，成为中国第一代社会主义体育事业的开拓者和建设者。

1954年后，历任国家体委副主任、党组副书记、党组第二书记，主持体育战线日常工作。"文革"期间，荣高棠同志受到严重迫害。1979年2月，重返工作岗位，再次担任国家体委副主任。1982年，退居二线，担任国家体委顾问。1983年，被国际奥委会授予奥林匹克银质勋章，成为中国历史上获此殊荣的第一人。

1983年，担任中共中央顾问委员会秘书长。1985年，当选为中共中央顾问委员会委员。

荣高棠同志是中国共产党的八大、十二大代表，第一、二、三届全国人大代表，第六届全国人大常委会委员，全国政协第五届常委会委员。

我党最小秘密交通员张洁清

张洁清（1912—2015），霸州大高各庄人，国立北平师范大学毕业，1936年入党。张洁清是我党早期女革命家张秀岩的侄女。12岁开始，她就帮助姑姑散发传单，站岗放哨，传送情报，成为党的秘密联络人。

1932年参加左翼作家联盟，组织参与了"一二·九"学生反日爱国运动。在没有入党前曾被当作"共产党负责人"关进南京宪兵队监狱。入党后负责北京、天津中共党组织的联络，是天津地下党组织和北方局领导彭真的密使。参加了《天津妇女》、天津妇女救国会的创建。

1939年任中共北方局机关支部书记。1947年任中央政策研究室研究员。解放后任

↑ 张洁清

北京妇联副主任，彭真办公室副主任，商洛专区副专员，中共中央政法委员会副秘书长。

1978年担任陕西省商洛地区行署副专员，同年底任中共商洛地委委员、常委。

1980年起先后任中共中央政法委员会副秘书长、顾问。第三届全国人民代表大会代表、政协第七届全国委员会委员。

从长征走出来的将军刘永源

刘永源（1913—1998），霸州胜芳人，1932年参加中央红军，同年加入中国共产党，是霸州唯一当过红军、参加过两万五千里长征的将军。政协第五届全国委员会委员。

↑ 刘永源

红军时期，历任红一军团第10师政治部民运干事，第1师2团营长，红29军255团政委。参加了第四、第五次反"围剿"。

抗日战争时期，在延安任八路军留守兵团警备2团营长，骑兵团政治委员，警备3团副团长，警备4团团长。

解放战争时期，任冀东军区第12旅旅长，松江军区第三军分区司令员，东北民主联军独立4师政治委员，骑兵纵队政治部主任，第7纵队20师师长，第四野战军44军131师师长。参加了辽沈、平津、渡江、海南岛等战役。

1950年，时任131师师长的刘永源被任命为解放万山群岛陆海军联合指挥部总指挥。他巧妙地把陆军迂回包围、中心突破、猛冲猛打的战术用于海上作战，取得了辉煌的战绩，受到中央军委的记功表彰。

之后，历任解放军第一高级步兵学校副校长，某要塞区副司令员兼参谋长，第23军军长，沈阳军区副参谋长、副司令员、顾问。1955年被授予少将军衔。

刘永源一生荣获过二级八一勋章、二级独立自由勋章、一级解放勋章。1988年，荣获一级红星功勋荣誉章。

荣辱不惊、赤胆一生的薛明

薛明（1916—2011），原名王爱真，霸州胜芳人。薛明出生在一个没落的小商人之家，商店破产，父亲出外谋生，从此便没了音讯，后改为母亲薛姓。从胜芳万选女子学校毕业后，在叔叔（时为共产党的地下电台工作者，1941年在皖南事变中牺牲）资助下，考入直隶省省立女子中学。

1936年，加入中国共产党。在天津参加中共地下刊物《华北烽火》《天津妇女》《民众抗日救国报》的编印和发行工作。"七七事变"后，参与组织"平津流亡学生逼蒋抗日请愿团"，任支部委员。1938年初，受党派遣参加雷洁琼开办的妇女生活改进会。10月，入延安中央党校、中国女子大学高级班学习。后任女子大学特别班指导员，负责长征女干部的教学辅导和思想工作。1941年任延安县委常委、组织部长。1942年任陕甘宁晋绥联防军司令部政治部主任、军区机关党委副书记。

↑ 薛明

解放后，历任全国妇联西南区工委福利部部长，中共北京市委宣传部处长，贺龙办公室主任，解放军总参谋部军事检察院检察长、政治部顾问等职。

中国民间
文化遗产
抢救工程

THE PROJECT TO CHINESE
FOLK CULTURAL HERITAGES

SOS

霸州文学艺术的厚重与绵延，不单单得益于其长期所处的京畿腹地（直隶州）之优势，更在于人民长期坚守的崇文尚德、以"文"化"艺"的勇气和践行。听一下当地人流传的"甲士三千，不敌周武王檄文一篇"的古训，就足见润物无声的文学艺术被霸州人世代相传的魅力所在。

↓ 霸州戏曲剪影

中国历史文化名城

河北霸州

第三章

文蕴厚长
舞台翰墨幽更香

↓霸州乡村剧团演出剧照

戏曲之乡孕育名伶辈出

　　霸州戏曲经过长期的发展演变，逐步形成了以河北梆子、京剧、老调、昆曲、评剧等五大戏曲剧种为核心的戏曲园地。

　　"三庆和"是霸州最早诞生的河北梆子科班，由牛岗村王洪于清道光末年联合艺友在雄县马务头创办，培养出名丑"驴肉红"和著名须生"王大锣""一千红""骚骡子"及董三标等人。而京剧较有名的是"李海童伶班"和信安"钧天雅奏国剧社"等，成就了李桂春、李少春、郝永雷在海内外的故里荣光。而霸州的老调，俗称老梆子，则分为东路与西路两大流派：西路老调以武生戏著称，比较注重靠架和武打，其唱腔富有质朴、高亢、挺拔的色彩，表演粗犷豪放；东路老调演出剧目以老生戏为主，唱腔清澈、委婉、吐字清晰，善于叙述、抒情为其主要特色，表演质朴、细腻，以着意刻画人物见长。著名艺人韩大仓（霸州红），光绪末年进入北京，在天桥"广兴园"演出，开启了霸州老调进京之路。1918年，受醇亲王府之邀，韩大仓出演堂会，颇受王公大臣们的赏识。霸州的昆曲为北昆，其唱腔悠扬婉转，戏词深奥，多为文人雅士所欣赏。目前，霸州只有王庄子村保有此剧种。清代以来，霸州走出了郭蓬莱、王老五、樊志清、杨和舫、王树云、王瑞常、邱惠亭等一代代技艺超群的昆曲名角。

王维林（1841—1968）

　　霸州岔河集村人。7岁入"三庆和"河北梆子科班学艺，11

岁登台演戏，故获"十一红"之艺名，后因嗓子哑，19岁到天津戏班学打锣，经数年练习琢磨，造诣日深，能根据剧情和演员特点用锣声烘托现场，引起观众共鸣，被誉为"锣王""王大锣"。解放前，他随戏班闯江湖献艺，历经数十年，足迹遍及大江南北，81岁时仍活跃于剧坛，为河北梆子的发展作出了贡献。108岁时定居沈阳，在党和政府的关怀照顾下，衣食有着，赡养有人。1954年和1960年两次受到毛泽东主席、刘少奇主席、周恩来总理的亲切接见。1960年，周总理赠予他拐杖一支。1968年病逝。

郭蓬莱（1859—1920）

艺名郭达子，为京南著名昆弋演员，唱黑头兼能生、丑。祖籍文安县苏桥，后迁至下王庄（今王庄子）。初在"下王庄耕读会"学唱昆弋诸腔，唱念做打皆优。29岁入北京醇亲王府"恩荣班"唱戏，很得醇亲王赏识，赐名"郭蓬莱"。其嗓音宽厚洪亮，气足音圆，有"铁嗓子"之称。光绪十六年（1890）"恩荣班"解散，他辗转于京南、京东各戏班唱戏。在无极县古庄"和翠班"，他的艺术表演达到炉火纯青的地步，名震冀中艺坛。他戏路宽，文武各出，生净各色，无所不精，样样拿手。各戏班争相邀约。1916年，郭蓬莱再次进京，加入"荣庆社"。因年老体衰，视力大减，不久后退出舞台，靠回乡打烧饼以度残日。1920年秋病故。

韩大仓（1864—1926）

原名瑞成，艺名"霸州红"，老调早期著名老生，霸州北高各庄人。幼年学唱戏，清光绪初年，常在京南农村"跑大棚"，搭

半农半艺老调季节班，挑班演戏。因嗓音宽厚洪亮，吐字清晰，声
若铜钟，被誉为老调的"假高庆奎"。能戏很多，尤擅演《调寇》
《铁冠图》等戏。

韩大仓从20多岁起，组建老调班，是北平域外第一个进京城
演出的老调班底，为老调剧种的发展作出了贡献，先后培养出周福
才、小莲花、张福生、张文海、赵文林等一批较有影响的老调演
员。晚年体弱多病，仍坚持带徒传艺。1926年秋病逝于原籍。

任敬三（1865—1939）

艺名"驴肉红"，霸州城关人。14岁弃学习艺，入"三庆
和"河北梆子科班。出科后，入"永生和"，出演小花脸，亦能唱
花旦。后因倒仓离开舞台，回乡推车叫卖驴肉。久之嗓音喊宽，再
入梨园演出，一鸣惊人，艺名遂称"驴肉红"。初入北京搭"宝胜
和"，为老板杨香翠所器重，彼时与刘义增、刘中儿、孔福泰并称
河北梆子四大名丑。他做戏潇洒，唱功独特，嗓音洪亮，高亢有
味，梨园同人皆难学之。1906年，刘凤祥等在天津大观园成班，
任敬三搭班演出两年。民国初期曾搭"双义社""玉记正一社"，
演于天津天仙大舞台，所登戏报皆称"名角驴肉红"。除京、津
外，他还搭班去苏州、抚州演出。1936年，任敬三在天津"稽
古社"子弟班任教。后因年老弃艺从医，学得中医，远近驰名。
1939年，病故于天津。

李桂春（1885—1962）

京剧胡生演员，艺名"小达子"，霸州辛章村人。曾任河北省

跃进梆子剧团副团长，天津市政协委员，中国戏曲学校教师等职。幼时家境贫寒，11岁进科班学唱胡生，3年后出科到天津、北京等地搭班演出，以唱河北梆子为主，兼唱京剧。李桂春长期在上海演出，改演京剧老生。他能戏甚多，嗓音高亢，做派火炽。上海流行机关布景连台本戏，他创演的《宏碧缘》及32本连台戏《狸猫换太子》，使其一举摘得业内响当当的"活老包"称谓。

郝永雷（1891—1980）

原名广利，艺名永雷，霸州信安镇人。清光绪二十九年（1903）入科班学戏，专攻京剧和河北梆子武丑，技艺精湛，有"身轻如燕"之喻。1928年，先后到德国、法国、英国、苏联等地演出。1935年与英国弗郎塞斯女士结为终身伴侣。一些外国友人赞誉他是一位伟大的中国"专使"。第二次世界大战爆发时，郝永雷以教学为业，从而将中国传统文化艺术传入欧洲，促进了中欧文明的交流与融合。他身居海外不忘自己是炎黄子孙，英国当局鉴于他高尚的人品和在艺术上的影响与造诣，多次劝他加入英国籍，都被他婉言谢绝，他说："我是中国人，还要回祖国去。"

崔国祥（1891—1955）

著名司鼓大师，霸州信安镇人。十余岁起便跟随舅父王殿喜（艺名"撒金红"）学唱坐腔戏和打鼓打锣。16岁到信安"德胜和"戏班司鼓四五年。因家乡水灾，崔国祥到天津谋生，始在小戏园子搭班；1917年成为"场面头"，专为高福安司鼓，并与他去杭州、上海等地演出。1923年前后，为红净程永龙司鼓，常演于天津。1928年前后，随周信芳演出于天津、上海，后在北京为全国著名京剧演员李万春、梅兰芳等司鼓，社会名望颇高。

李少春（1919—1975）

霸州策城人，出身于梨园世家。京剧李派艺术的创始人，著名京剧艺术大师。擅长老生及武生戏。生前曾任第四届全国人大代表、第四届全国政协委员、中国剧协理事。

李少春自幼在"永胜和"梆子班坐科，7岁师从沈延臣，11岁请名师丁永利（杨派）、陈秀华（谭派）到家中指导，正式练功学戏，工武生、老生、文武老生。戏路宽正，功底扎实。1931年，他从上海赴天津，1932年正式登台演出，后折返上海。1934年（15岁）即在上海与梅兰芳同台合演《四郎探母》，受到梅兰芳的称许和观众的欢迎。1938年，再拜余叔岩为师。其间，他广学博取，融汇名家之长，遂自成一家，逐渐形成清、深、精、准的李派艺术风格。他扮相清秀，嗓音宽厚，唱腔清纯，身段优美；表演情感饱满，武功出众，拥有大批的追随者和爱好者。

新中国成立后，李少春与袁世海、叶盛章等合组新中国实验剧团，任团长。1951年率团加入中国戏曲研究院实验工作团，后该团转入中国京剧院，李少春任一团团长。1956年被评为先进工作者。1958年加入中国共产党。

1962年，他与袁世海主演的《野猪林》被拍摄成中国首部彩色戏曲艺术电影。李少春多次赴欧、南美以及日本、印度、缅甸等地区和国家访问，成为中外文化交流的大使。20世纪60年代起，他开始努力探究京剧艺术的理论，不断阐发独到的见解，引发了业界广泛的思想共鸣与剧本的改良和舞台设计的创新。

董文华（1938—2008）

霸州岔河集村人，1983年加入中国共产党，京剧表演艺术家，中国戏剧家协会会员、天津剧协理事、天津京剧基金会副会长。曾任河北省政协委员，天津市第六届政协委员，天津市第七、第八、第九、第十届政协常委。

董文华出身于梨园世家，祖父董玉山为河北梆子文武老生名家，父亲董志斌、姑父崔盛斌均为京剧武生、老生名家。他自幼随父学艺，工武生、老生，8岁登台，11岁搭班演戏，13岁即成为挑班主演，唱、念、做、打技艺全面，文武兼备，戏路宽广，造诣深厚。董文华在武生中的长靠、短打、箭衣戏，以及老生、红生、猴戏均有突出建树，特别是猴戏，他博采众长，在继承的基础上有所创新，具有鲜明的个性风格，堪称"一代猴王"。

1954年，董文华在北京组建京剧团，渐以猴戏享名，1955年主演的《水帘洞》获北京市戏曲展览奖。1956年调北京怀仁堂与周信芳、余振飞等大师同台为中央领导演出，同年获河北省会演演出奖。董文华修改、主演的《快活林》，为其日后担纲河北省京剧团、北京市春秋京剧团、天津建华京剧团等院团的主演，奠定了扎实的演技功底。20世纪80年代起，董文华任天津京剧二团副团长、主演兼艺术导演。他从艺60余年，晚年热衷于带徒授艺，提携后辈，对年轻演员倾情相授，为京剧艺术传承尽心竭力、呕心沥血。

辞赋之乡走出文学大咖

霸州文学行稳致远，进而有为，上溯可达南北朝。《北史·五世弼传》载，北朝京兆霸城（今霸州）王由，字茂道，"好学，有文才，为时人所服"。从元初至民国的千年风歌咏吟中，霸州涌现出数百位作家及诗人，有百余部的作品集付梓传世，更诞生了像杜时升、杜瑛、王乐善、崔仑、张云骧、高步瀛、塞克、陈之藩等海内外颇有影响的知名人物。

↑ 杜时升像

杜时升（? —1224）

字进之，金代霸州信安人。其博学而通达天文，一生不肯考取功名，厌恶利禄。金世宗年间（1161—1189）国之基业逐渐衰落，杜时升于是渡河南去，隐居在嵩洛山中，以传授理学之道为业，学者甚众。可以说世间以"伊洛之学"授人者，自当杜时升始。在金章宗承安（1196—1200）与泰和（1201—1208）年间，河间宰相曾数次举荐其大用，但遭婉拒。"哀宗正大末卒，其子为瑛。"

杜瑛（1204—1273）

字文玉，元代霸州信安人，金代著名学者杜时升之子。据《元史》载，"金将亡，瑛避地河南缑氏山中。瑛搜访诸书尽读之，辄不忘而究其旨趣。间关转徙，教授'伊洛之学'于汾晋间。"

元世祖南伐，问计于他，他从容答道："汉、唐以远，人君所恃以为国者，法与兵、食三事而已。国无法不立，人无食不生，乱无兵不守。今宋皆蔑之，殆将亡矣，兴之在圣主。若控襄樊之师，委戈下流，以捣其背，大业可定矣。"世祖悦曰："儒者中乃有此人乎！"

元世祖忽必烈中统五年（1264）初，皇帝下诏书，召杜瑛入朝为官，他没有就任。左丞张文谦宣抚河北，力荐他做怀孟、彰德、大名等路"提举学校官"，也被杜瑛一一回绝。其后，他闭门著书，以修炼长生之术，悠闲而自得，终其余生。史上说："七十将卒，遗命表其墓曰，'缑山杜处士'。"元文宗天历二年（1329），获赠翰林学士、"魏郡公"，追谥"文献"。

杜瑛一生著作颇丰，有文集10卷、《春秋地理原委》10卷、《语孟旁通》8卷、《皇极引用》8卷、《皇极疑事》4卷、《极学》10卷、《律吕星历礼乐杂志》30卷等并传之于世。

↑ 杜瑛像

张维（1534—1613）

号范吾，霸州人。明刘若愚《酌中志》载，明嘉靖三十八年（1559）作为太监被选入宫中，因满腹学问和习得一手好书法而成为司礼监掌印太监张宏的门下，并受到太监李芳的器重。有一年，慈圣老娘娘造就了一尊元帝的金像，特意派遣张维一路抱着请往湖广武当山去供安。"张维善诗能文，且精于琴画，凡翰牍诗赋，人咸宝惜。"到了晚年，张维两目虽盲，仍能濡笔行草。只要听说市面上有新书出版，一定买回来，让左右之人念给他听，这样的日子持续了好几年。一生著有《皇华集》《归来篇》《莫金山人集》《苍雪斋集》等书，留存于世。

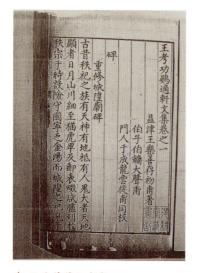

↑ 王乐善作品书影

王乐善（1553—1596）

字存初，霸州煎茶铺人，明兵部尚书王遴之子。家教严谨，其父尝以国家纲纪法度、礼义廉耻谕之。而其自身始终牢记父教于心，动辄以古圣先贤严苛自己，故里口碑极佳。27岁乡试中举，继而"登第"，被任命为"行人"，奉旨出使赵吴之地，因操劳过度，不久患病回京。后升任吏部验封司主事。1596年正月病死于京都官邸。著有《鹦适轩诗集》《扣角集》。

崔仑（1830—1910）

字铁卿，别署峰甫、广文，霸州城内人。清同治十二年（1873）举人，次年联捷进士，以知县委任他不就，被选拔为大名府的教授，继任承德等府教授，后升为国子监学正。他一生寡营淡泊，惟日博览群书，以吟咏自适。一生诗作颇丰，有《笔花斋诗钞》20卷，收纳古体、近体诗986首。

张云骧（1848—？）

又名毓桢，字叔，号南湖，霸州胜芳镇人。初为顺天府霸州廪膳生，同治十二年（1873）选贡，光绪六年（1880）入内阁中书，至光绪三十四年（1908）结束，任期长达28年。

张云骧以戏剧创作为世人所知，而其传世的诗文作品亦十分丰富，现存于世的著作有《南湖诗集》《铁笛楼诗》《冰壶词》《浩然堂文》等。其中《南湖诗集》11卷本，为清末所刻印，现收于《北京师范大学图书馆藏稀见清人别集丛刊》，各集分别名为《沧浪集》《帝京集》《风驰集》《云鸟集》《烟波集》《浮湘集》《峡江集》《青城集》《蜀道集》《倦游集》等。在其收录的作品中，少时的取舍精致，而临近的则杂多；对乡居记述得简略，而对在外做官记述得却非常翔实。

↑ 张云骧文集

晚清戏曲名家吴孝绪，在为张云骧《芙蓉碣》所撰写的《跋》中说："余受而读之，音节圆朗，清浊适宜，无咽不出、揭不起之病。"晚清诗人、济南名士王梦香在全剧末撰评道："合十四折，才情富有，波澜老成，有云亭音节之高，兼藏园书卷之富。视笠翁辈专以场面见长，直卧之楼下矣。"

蔡如梁（1855—1905）

字东轩，霸州胜芳镇人。光绪五年（1879）己卯科经魁（举人第四名），任职于国史馆。光绪十五年（1889），以"大挑二

↑ 蔡如梁

等"授文林郎（文职正七品封赠之阶），议叙知县，后在保定府莲池书院任府学教授。1895年赴京会试，同年4月，参加康有为发起的"公车上书"运动，借以反对清政府割地赔款的《马关条约》。1897—1901年，先后在河北宣化府书院、广东肇庆府书院任府学教授。

自35岁起，他奔波于冀、察、粤等地，任府学教授15年。1904年冬，因积劳成疾返乡，于次年3月病故，终年50岁。著有《曲波移诗文集》16卷、《外集》8卷、《中外大事表》8卷、《四元通例》5卷。

↓ 蔡如梁手迹

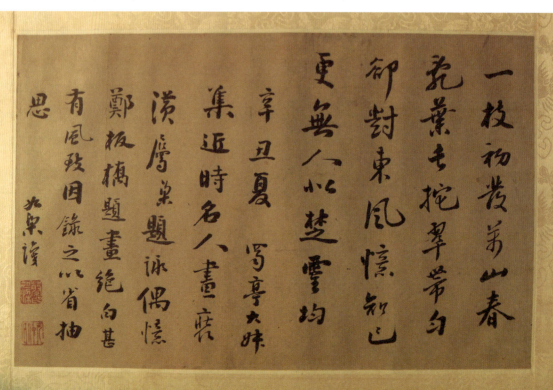

高步瀛（1873—1940）

字阆仙，又署阆轩，私谥贞文，霸州北庄头村人。著名文选学家、历史学家、教育家。师从桐城派古文大师吴汝纶先生。1901—1939年，历任畿辅大学堂教席、学部图书局主编、中华民国教育部佥事、国立北平师范大学教授、北平女子师范大学教授、辽宁萃升书院教授、保定莲池讲学院教授、辅仁大学教授等职。

↑ 高步瀛

高步瀛学问渊博，文章隽秀，为世人所敬羡。其所著桐城姚氏《古文辞类纂笺证》等书被众多大家称为"学问之渊海，考据之门径"。有日本学者把他的考据与广东黄节的诗学、桐城吴闿生的古文并称为"中国三绝"。

一生著有《吴氏孟子文法读本笺》《国文教范笺注》《古今体

↓ 高步瀛著作集

诗约选笺注》《唐宋诗举要》《汉魏六朝文选》《明清文选》《古
今辞类要注》《文选李注义疏》《古文辞类纂笺证》《古文辞类还
笺证》《史记举要笺证》《周秦文举要笺证》《两汉文举要笺证》
《魏晋文举要笺证》《唐宋文举要笺证》《汉魏六朝诗举要笺证》
《赋学举要笺证》《古文范注》《讲大集日记》《古礼制研究》等
若干卷。

塞克（1906—1988）

↑ 塞克

↑ 塞克作品之一《生产大合唱》

原名陈秉钧，曾用名陈凝秋、塞克，霸
州后卜庄人，著名诗人、话剧电影表演艺术
家、剧作家、画家、翻译家。

早在20世纪20年代末，他就以青年诗人
的身份进入早期的中国新文学界。1927年在
上海参加田汉领导的"南国社"，演出《南
归》一剧，广受好评。自此开始了话剧及电
影表演的艺术生涯。20世纪30年代中期取
"塞克"（"布尔塞维克"之缩略）为名，
并沿用终生。他创作的《流民三千万》《铁
流》等抗日剧目，是抗战文艺的开山之作。
他与冼星海、王洛宾、贺绿汀等著名作曲家
合作的《救国军歌》等歌曲，在抗战时期产
生了深远的影响。由他翻译的高尔基《夜
店》和许多苏联歌词曲，激励了千千万万的
中华儿女走上抗日救亡的第一线。

1938年，塞克抵达延安，担任鲁迅艺术学院的教授，导演了话剧《九一八前后》《钦差大臣》。之后，任延安青年艺术剧院院长、陕甘宁边区参议员、陕甘宁边区政府文化工作委员会委员。他还参与创作了《生产大合唱》等大型作品，其中与冼星海合作的《酸枣刺》一曲尤为著名。

抗战结束后直至1952年，塞克先后担任热河省文联主任、全国文协佳木斯分会主任、辽北省政府教育厅副厅长兼辽北学院副院长、东北鲁迅文艺学院院长和东北人民艺术剧院院长。1953年起，出任中央实验歌剧院的顾问，后改任中国歌剧舞剧院顾问。

塞克一生虽经历坎坷，但他始终坚持对光明的信仰，对真理的追求，满怀对祖国和人民的无比热爱，以艺术为武器不懈地战斗，最终锤炼为一名当之无愧的无产阶级人民艺术家。

陈之藩（1925—2012）

字范生，霸州岔河集乡曹庄村人。1947年，毕业于北洋大学机电系，被分配到台湾制碱公司。业余时间为台湾中小学的《学生》杂志撰写科普文章，后又兼任文学栏目编辑。

↑ 陈之藩

1955年，在胡适的资助下，他到美国宾夕法尼亚大学留学。其间，创作了散文集《旅美小简》。1957—1968年，陈之藩受聘于孟菲斯基督教兄弟大学、美国航空航天局、休斯敦大学，被英国机电学会授予院士称号，是台湾大学、中

↑ 陈之藩晚年作品集

兴大学、台湾"清华大学"、香港中文大学、美国麻省理工学院的客座教授，普林斯顿大学高级研究员。

陈之藩所著的散文集有《剑河倒影》《一星如月》《散步》《星空之海》《看云听雨》等。其散文集《在春风里》中的多篇散文入选我国港澳台中小学课本。他还著有《系统导论》《人工智能语言》等多部学术专著。

↓ 陈之藩早期作品

翰墨之乡传承芳华别样

霸州书画艺术早在南北朝时就已载入诸史志。王由是第一个有记载的霸州著名文人、书画家。唐张彦远《历代名画记》云："由善书画。"至明万历年间，则有张维"业精于琴画"。入清以后，霸州书画高手开始连臂迭出，不胜胪列，仅宫廷画师就有10位之众。他们的艺术作品或见于经传，或流传于民间，为霸州源远流长的书画艺术大增光彩。

张巨源（1857—1928）

号小瀛洲、半痴子，霸州靳家堡人。青年时虽未考取进士，却因绘画精妙绝伦而被主考官看中，便让其绘制"九狮图"呈皇帝阅，光绪帝看后龙颜大悦，钦定为廪膳生，并入国子监练习书画。皇帝嘱其留于宫中作画，但其无意功名，借故隐居乡里，专工水墨写生，颇得造诣，遂成名一方。其笔下的人物、山水、虫鸟、花卉，构思精巧，栩栩如生。他时常将作品馈赠人家以济贫苦，自己却以典当接济生活。

邢福周（生卒年不详）

字荫文，霸州胜芳镇人。青年时被选拔为贡生，晚清时考入京师顺天法政学堂，后又到陕西审判传习所进修，多年攻读法学，后成为精通政法的专才，在清廷出任多职。

邢福周书法功底深厚，有颜筋柳骨之功，且师古不见古，独具

↑ 刘隽生

一格。时人评他：用笔于心，心通则情出，才会神采灵动。被后人称为"杨凝式第一人"。

刘隽生（1878—1958）

字九洲，号师德，霸州前卜庄村人。17岁被选入清廷如意馆，拜馆长管念慈为师，擅长工笔画，成为宫廷内有名的画家，得慈禧召见，多次为其作画。1924年，逊帝溥仪被逐出宫，如意馆解散，刘隽生返回故里。1925年，溥仪又聘其去天津作画。"九一八"事变后，刘隽生到北京摄政王府教书，溥仪之四弟溥任、六妹韫娱和七妹韫欢学画山水、花鸟，均拜其为师。

新中国成立后，当选为霸县（州）第一届政协委员，其美术作品曾在河北省画展展出。时人称其画在用色、功力等方面不亚于清宫画师郎世宁。

王恩熙（1883—1966）

字惠民，霸州胜芳镇人。秀才出身，书法家。民国期间曾在大总统（徐世昌、曹锟）府任秘书，负责文牍誊写。新中国成立后，被河北省政府聘为省文史馆馆员，享

↑ 刘隽生作品

受政府专家津贴。他博采众长，融碑化帖，潜心揣摩，参以己意，其作品享有"用笔瘦挺，铁画银钩"之誉，尤以蝇头小楷见长，备受天津名家推崇。他曾花十几年时间，终得完成正楷《新战国策》《民国总统府之秘闻》《第一次世界大战之概况》《曹锟贿选前后》等书的誉写。

↑ 阎道生

阎道生（1884—1962）

字子阳，中年易字至阳，号阅庐，霸州扬芬港村人。早年就读于湖北武备学堂，学习军事，肄业后寓津作画。1909年，受聘于直隶教育图书局、商务印书馆天津分馆，专于绘制教科书插图。1912年，任《民约报》画刊编辑。1912—1915年，在直隶学务公所社会科从事年画改良等艺术工作。1914年，联络津门书画界36位同仁发起组建天津红十字会书画慈善会。1916年，执教于天津中华武士会。在天津和家乡，创设阅庐教育基金，捐办天津桃林学校及扬芬港乡立完全小学，同时主持中亭河流域水患治理。"七七"事变后归隐田园，以书画自娱。著有《阅庐诗集》《阎至阳画集》等。其画宗海派费丹旭、任伯年，以写意为主，兼用工

↑ 阎道生作品

↑ 张巨源画像

↑ 张巨源作品

↑ 邢福周作品拓片

↑ 王恩熙作品

↑ 周丕基作品

↑ 孔令旺

笔，精工人物，亦善山水、花卉，各种题材涉猎广泛，格调洒脱、大气。其人及作品被收录于《天津绘画三百年》（章用秀著，天津人民美术出版社，2013年版）——"能诗善画精剑术"章节。

周丕基（1900—1960）

号雪庵，霸州人，久居天津，曾任永嘉知县。工细笔青绿山水，笔致闲放清秀，殊有远致；虽处繁剧，琴樽翰墨，依然名士风流。天津流传作品较多，其人及作品被收录于章用秀所著《天津绘画三百年》——"工细青绿山水秀"章节。晚年归乡，1958年其作品入选河北省书画展。

孔令旺（1904—1982）

霸州东北岸村人。17岁学艺，专工"苏画"，20岁名播一方。新中国成立后，国家修缮故宫和雍和宫时，被聘为画工，才华大展，叱咤北京画坛。1958年，百名画家汇聚于北京颐和园，重绘千米长廊彩画，其古装人物彩画艺术独占魁首，得名"盖京南"。《北京日报》曾两次载文赞其"苏画"艺术。1979年，再次承担起北京颐和园

长廊古装人物彩画《岳飞枪挑小梁王》《双枪陆文龙大战八大锤》
《张飞夜战马超》《竹林七贤》等彩绘任务，受到广泛赞誉。

↓ 孔令旺作品

宋广训（1930—2013）

霸州堂二里人。擅长版画。1947年入
国立北平艺专，1951年毕业于中央美术学
院。四川美术家协会一级美术师。作品《嘉
陵春晓》《红军过雪山》《昙花》《雁翎队
捷归》《勇毅的中国妇女》《绿色的早晨》
《雪山建站》等入选全国美展，作品被中国
美术馆、中国革命历史博物馆收藏。曾获
"鲁迅版画奖"。应邀参加长篇小说《红
岩》封面和插图创作，其代表作有《飞呀！
你飞呀》。

↑ 宋广训

据史料载，霸州花会始于明，兴盛于清。域内民间花会数量繁多，种类庞杂，有外传，但更多的是"土产"，到清末民初，霸州300多个村落镇邑还保有400多道花会，胜芳言称72道花会，信安亦有36道。花会可以说是融舞蹈、音乐、杂技、戏剧、曲艺等多种元素于一身的艺术，是民间劳动者生产生活的图腾，是记载和反映社会历史变迁的活化石，对我们研究传统民间文化和生活习俗的演绎变迁具有深远的历史意义和现实意义。

↓ 跑驴儿

中国历史文化名城

河北霸州

第四章

多彩花会
图腾中的印记

↓ 高桥花会——高跷

传统灯会

霸州花灯是我国民间艺术宝库的一大瑰宝，每到农历正月十五元宵节期间，霸州人都有买花灯、赏花灯的习俗。正月十四到庙宇去挂灯笼，称为"神灯"；正月十五将灯笼提回，挂于家中，称为"人灯"，也叫"兴灯"。霸州花灯始于明朝，至今已持续了数百年时间。历史上比较大的村镇每年都搞花灯评比和灯会，鼎盛时，域内灯会达三四十家，尤以城内、胜芳、信安最负盛名。

花灯

经考证，花灯的起源与古代先人的迷信和祭祀活动有关。后经演绎和发展，一支定型为迷信用品的扎制，其艺术价值受到限制，但商业价值却显而易见；另一支在追求艺术价值的取向中，不断发扬光大，传承至今。

花灯制作所用原料一般都是就地取材。匠人们用当地所产的芦苇秆作为骨架，其外表糊上各种透明的彩纸，以达形神兼备，相得益彰。曾多次参加全国大型民间工艺美术展览，被纳入2008年第二批国家级非物质文化遗产保护名录的胜芳花灯，其制作技艺更是精致烦琐，式样新颖别致，品种超过百种，大到数米的龙门宫阙，波澜壮阔；小到不盈方寸的昆虫小鸟，把玩于股掌，情趣盎然。除各式宫灯外，还有人形灯、植物灯、走兽灯、风物灯、建筑灯等。最有特色的是十面猪八戒灯，十对耳朵能扇动，十张嘴巴能发出吧嗒声，憨态可掬。而横动八足的螃蟹灯、漂游河淀的荷花灯、顽童耍玩的轮箍小车灯更是蜚声海内外，充满着水乡的风情和灵动。

胜芳的元宵灯会最早是在街心老爷庙前中心广场搭一座高8米、面积达60平方米的灯台，俗称"鳌山"，灯台之上吊以数百种评选出来的精美花灯。而位于周边的每家每户门口，更是挂满花灯与"鳌山"相呼应，形成花团锦簇、游龙走凤般的壮观场面。

龙灯会

龙灯会又称龙舞，是一种古老的汉民族与部分少数民族相融合的民俗舞蹈，反映了中华民族对龙的崇拜。

↑ 龙舞

龙灯一般身长20米左右，直径60~70厘米，用竹、木及铁丝做成的圆环撑起龙身，节数不等，为单数，外用纱布包裹涂色而成。多由胜芳、扬芬港、渔津洼的职业艺人精心扎制而成。

龙灯会表演多为单龙或双龙，单龙体形较大，要由8~10人组成；双龙形制小些，每条龙一般配置不超过6人。龙的颜色多为金（黄）或青（绿）色。

龙舞主要有跑、跳、钻、跃、

↑ 龙舞

荷虾灯

胜芳镇正月闹花灯

胜芳镇元宵灯会

胜芳镇正月闹花灯

各种造型花灯

放筝娃

哪吒闹海

翻、升、伏、屈、曲、倾、转、绕等动作。其中"龙盘玉柱""瑞
云祥光""双龙绞尾""二龙戏珠""双龙拜佛""龙脱壳""二
龙还宫"等为武耍；文耍龙舞多为双龙，动作一般轻缓柔和。月夜
之下，群灯映照，鳞甲细现，一曲一扭之间，宛如天龙下凡，美不
胜收。

↑ 河灯

盂兰灯会

每年的农历七月十五日为"盂
兰盆节"，也称"中元节"。这一天
晚上，人们在一块小木板上扎上一盏
灯，多数做成荷花状，一般在底座放
上蜡烛，这种灯叫作河灯。按传统的
说法，河灯是为了给那些冤死鬼引路
的。灯灭了，河灯也就完成了把冤魂引过"奈何桥"的任务。

↓ 河灯

篓子会

霸州篓子会，主要分布在胜芳镇的崔庄子村和北楼村，传承至今已有几百年，当地也叫"篓子灯""耍篓子"，一般以6个篓子为单位。

篓子的龙骨用竹片或高粱秆扎制而成，在篓子外面以纸糊之，干燥后再以鬼怪脸谱饰之，分别代表5个鬼怪、1个判官，称为"五鬼闹判"。表演时，由6个13岁左右的男孩头顶点亮的"篓子灯"，后面音乐吹奏，边舞边耍进每家每户，待主人照会后把鬼怪驱赶出去。

这种驱鬼怪、送瘟神的活动，从每年的正月十三延续至正月十六，每家只能去一次，不可重复进行。至正月十六晚，临街的老住户要出来"截篓子"，直至送到村外，将篓子焚烧，表示鬼怪、瘟神从这里被彻底驱走。

↓ 头顶篓子灯的男孩

花会

花会旧称"香会"，是民间在春节等节日进行各种游艺活动的统称，在京、津、冀等地区广泛盛行。花会形式多样，城乡皆有，深受人们的喜爱。在旧时，大的寺庙开庙时，都有很多花会表演。庙会为花会提供表演场地，花会反过来又促进了庙会的繁荣。

高跷会

高跷会在霸州又名"登云会""踩高跷""走腿子""十二乐"。域内自清末民初约有70～80道高跷会，现仍存有30余道，半数为响铃高跷，即在跷杆与人腿衔接处拴1~2只小铜铃，以增添演出的效果。

高跷有文、武之分，一般都由12个角色相扮。

"文跷"以唱为主，唱演结合，木腿子较高，扮装角色有

↓ 清代胜芳传统花会盛况彩绘图

《西厢记》《红楼梦》及其他戏曲、民间故事里面的种种人物，还有表现普通民众生活的素材。演唱内容杂采戏折、曲艺、民歌小调、流行小曲等。扬芬港一带的高跷则以演唱高腔、昆曲为主，一路踩街演唱下来要唱二三十个段子。

"武跷"腿子较短，没有唱段，以滑稽打逗舞蹈动作为主。"武跷"12个角色，扮相多为"十二精灵""十二生肖"及"西游记"人物、"水泊梁山好汉"等形象。"武跷"表演的跷技主要有"仙人跳""叠罗汉""劈叉""大回旋""猴子捞月""醉打山门"等几十个套路。

信安有名的高跷"扑蝶"，是既有故事情节，又有许多高难度动作的表演节目。节目由3人组成，女的一般饰演旦角，挑着蝴蝶前行，男的一般饰演小生，持扇扑蝶，小丑摇动拨浪鼓嬉戏追逐，甚为活泼生动，趣味盎然。表演中，可以展示"蹲走""跳桌子""鹞子翻身""后滚翻"等技巧动作。

↑ 踩高跷

胜芳最出彩的是公义高跷会，属"武跷"，腿子高近两米，比"文跷"还高，已有200多年历史，所表演的套路、内容丰富多彩且技艺复杂精湛，非一般高跷可以比肩，尤擅"大劈叉""鹞子翻身""铁板桥""苏秦背剑"等功法。

南孟的登云会以其武跷技艺高难、动作连贯、表演细腻而闻名，表演中演员脚蹬四尺八寸木腿子连跳五条板凳，最后做金鸡状独立于板凳之上，身轻如燕，一气呵成。

小车会

霸州小车会起源于清光绪年间，由太保庄村丝弦老调同乐会演变而来，现存小车会20余道，大致分为两种形态。

一种是古始小车会，配器有鼓、钹、唢呐、笙及弦器，道具为彩车1辆，彩旗若干。彩车扎制华美，妆饰艳丽。表演时，将彩车用绸带系于主演腰间，红绿绸缎遮底拖地。彩车华盖（拱棚）设置稍高，以不遮挡演员头脸为宜。由推车老汉、拉车老婆、坐车小姐3人组成。唱演结合，唱词多为曲牌、戏折等传统沿袭剧目。

另外一种是改良型小车会，只演不唱，配器伴奏比较简单。角色为8人、12人不等，有推车人（老生或小生）、拉车人（花旦、小旦）、坐车小姐（彩旦），此外还设丑婆、傻儿、蠢姑娘、算命盲人、膏药小贩、花花公子、小乞丐、和尚等。由12个角色出

场的小车会也叫"12乐"。这种以
哑剧形式表演的小车会，彩车的扎制
更为花哨，演技更为突出、多样。饰
小姐的演员假腿盘于车上，垂下布幔
遮住双腿，车帷彩饰，各角色浓妆艳
抹，阵容豪华，气势勃发。表演的技
巧动作主要有轧场、行车、跑车、切
车、倒车、耍车、逗车、车陷泥泞、

↑ 小车会

风摆荷叶、半悬空、前栽、后翘等。各角色除相互挑逗之外，各自
还要扭出风格不一的乡土舞，虽然无名无派，但统以秧歌的十字舞
为基本步调。

旱船会

旱船，又名"划旱船"，现存十余道，主要分布于霸州东部和
南部，即旧时水乡村镇地域。旱船扎制，一般长3米左右，宽不过
1.5米，饰以红绸、纸花、彩灯、彩铃、明镜、扇贝等物。

旱船会的表演形式不一，有单船（1只）和多船（2~6只）之
说。单船与多船表演的角色多寡不一，情节设计、舞蹈设计更有
差异。

单船的表演角色有：

坐船小姐，又称"船娘子""仙女"，古典汉服装束，盘发，
插花。扎制船系缚固定于腰间，或两手提船帮。旧时由男性扮演，
新中国成立后也有由女性出演的。坐船小姐的舞步基本是碎步，跟
在艄公后面，以小碎步前行、倒退、小左旋、小右旋、串烧小八

字、走小十字。

领航艄公，丑装，老生角色，戴笠或毡帽，长髯口。基本舞步是弓步，当左行、右行或转弯时，要亮出"探海""惊涛""喜顺"等肢体夸张动作，行演路线全靠他引领。

护卫婆子，丑装，手执长杆大烟袋、花手绢，跟在船后。虽没有严格的舞步要求，但基本为秧歌舞步，所饰演的角色是看护好坐船小姐，挥舞长烟袋随时击退无赖公子们对小姐的挑逗、骚扰。

无赖公子，人数不定，一般不超过三人，专事挑逗。

霸州旱船会的单船表演一般为哑剧，但也有以唱为主，兼具折子戏的。

多船的表演只舞不唱，伴奏有锣、鼓、钹、镲、唢呐等，演出的故事情节多为《夺斗》《单刀赴会》《白蛇传》《打荆州》等。

旱船的主要技巧动作有"双插花""摸鱼儿""剪子股""龙摆尾""水溜溜""绕八字""蛇蜕皮""跳圆场""双龙出水""双过桥""正反葫芦""八仙凌步""横步""自传""晃船步""平碾步"等，用以体现翻、转、跑、跳、俯、仰、倾、侧、旋等意象，模拟水上行船时经历的漂浮、摇摆、颠簸、旋转、平流稳进等多个场景。

跑驴儿

跑驴儿，是霸州流传久远的一种民间舞蹈艺术形式，状似旧时新媳妇回娘家的情景，有两种表现形式。

单驴儿　一般将扎糊好的黑色道具驴系缚于扮演新妇演员胸腹间，前为牵驴人傻姑爷，后为护侍新妇的老丑婆，后面跟着2~3名不良公子哥，或扎冲天辫，或着花幞头，手执折扇，轮番上前戏弄新妇。

双驴儿 一只叫驴儿（雄、牡），一只草驴儿（雌、牝）。傻姑爷驾叫驴儿，新妇骑草驴儿，后跟2~3名不良公子哥，轮番上前戏弄、挑逗新妇，傻姑爷左拦右挡，顾前丢后，应接不暇，场面十分滑稽狼狈。

跑驴儿的动作技巧多样，驾驴人有"平闪步""上山步""下山步""惊驴跳""大步颠""走索桥"等，赶驴人有"横扫步""小跑步""后踢步""踢驴步""抬驴步""鞭驴""追驴"等。

跑驴儿有锣鼓相伴，鼓谱为26小节循环演奏；唢呐多吹"一扇号""火焰山"等曲。

杠箱会

杠箱会是一道皇会，一般由2人一组，用一根5米长碗口粗的木杠，抬着一个长80~100厘米，宽40~60厘米，重50~60斤的大木箱行进表演，两人不能用手接触木杠，还要做出各种高难动作，如肩扛杠、肚子顶杠、喉咙顶杠、后背顶杠以及换肩、翻转、倒立踹杠加前滚翻或鲤鱼打挺等，两人组合一路演下来不能掉杠或掉箱子，每组演员都有自己的拿手绝活，就像杂技一样，非常吃功夫。

典型的杠箱演出程式是前头两个大汉横抬着一根大杠，杠上坐着的县太爷，身着官服，丑装，斜戴乌纱帽，后跟4人2箱，或8人4箱，角色多为衙役、皂隶，彩箱绘以金砖元宝、玉翠珠宝，讥讽县太爷搜刮民脂民膏。

演出中，两杠夫要不断发嘎使坏，上下颠颤，左右摇摆，忽翘

↑ 杠箱会

忽压，急缓难测；县太爷坐在这圆滚滚的杠子上，屁股难稳，重心难定，四肢难平，却还要随势舞出各种动作；不时有刁民、无赖、老财、媒婆等角色上前喊冤拦路，告的都是男女奸情、忤逆不道、恶奴欺主、贼人先告一类的家长里短。而县太爷一边要应付杠夫的戏弄，狼狈不堪，一边还要假装正经，荒唐断案，案子断得违人情、悖常理、反逻辑，荒诞之中时常又有不然之然，让观众在捧腹大笑之余有所感、有所悟。

花子会

花子会又名"同乐会""花会""皇会""皇天大会"，是一种松散的民艺杂凑，没有固定的模式化表演，内容也是千奇百怪，流变不拘，随机性很强。由于节目的舞步、舞姿、动作、节律可以自由发挥，效果就愈发滑稽幽默，荒诞不羁，往往出彩连连，受到观众欢迎，凸显了花子会文野兼容、雅俗并蓄的民艺风格。

庞大的演出阵容是花子会的突出特征，少则一二百人，多则三四百人。花子会伴奏场面更似一锅大杂烩：锣、鼓、钹、镲、唢呐、铃铛、胡琴、手板、梆子、铜盆、瓦罐、竹板、铧片、石磬、苇笛、牛扇骨、钱串子等，无奇不有。

大头会

大头，是指演员所佩戴的面具，有大大头和小大头之分。霸州大头会当属胜芳大头会和杜岗大头会最为有名。

　　胜芳大头会演出时，妆演人物为18位罗汉，外加老寿星、龙、虎三"头"，共21个大头。2名侍童，鹤童、鹿童各一，不戴"头"，另有8名童子彩妆伴舞。演出内容为18位罗汉邀请老寿星及两名侍童共赴王母娘娘蟠桃会的传说盛景。其中，18位罗汉戴"大头"，持拂尘，系丝带，表演杂耍搞笑动作造型，8名童子各手擎一对祥云（俗称"叶子"），依次摆拼出"天""下""太""平"四字。夜晚出会时，众童还手持点亮的莲花灯，舞出梅花阵，笙管箫笛齐鸣，乐曲悠扬，唱舞并美，夜景如梦。

↑ 清末民初的胜芳大头会

↑ 大头会

　　杜岗大头会自始以来，擅长扮演"杨家将"中的人物，主要是老杨业、佘太君、杨四郎、杨五郎等。

碌碡会

　　碌碡会是霸州东淀大洼地区特有的一个会种，是霸州所有花会中最具女性色彩的一道奇特民间花会。

　　历史上的霸州东淀，烟水浩渺，芦荡无边。淀区妇女割苇、轧苇、剖苇、择苇等代代传承，经年累月不衰。久而久之，便诞生了许多悲歌小调。

整出花会反映一年轻女子嫁至一富户曹家后，以"哭五更"冗长的套曲长段来表达婆婆狠毒霸道，时常把儿媳当奴隶、牛马使唤，没日没夜轧苇织席，动作稍慢就会招来婆婆辱骂毒打的情节，以舞碌碡（扎制的模型，拟轧、拉动作）配合演唱，以秧歌舞步辅之，突出戏剧性效果。后又增添本地多个小曲小调加以丰富，如"推碌碡""五音五更歌""织席女""采莲""边关调"等，解放后还添加了"小白菜""小放牛""小二黑结婚"等时新曲目和舞蹈。

碌碡会的乐器多以大鼓、大锣、小镲、钹和竹板等打击乐器及管、笛等管乐为主，集合了说唱、秧歌的特征，但情节又是通过唱词叙述出来的。

碌碡会所用的道具碌碡，多用木条或铅丝等比例加以绑扎，上糊粉连纸，再罩以灰布即成。

鼓会

鼓会用鼓有跨鼓、腰鼓、手鼓等，鼓手人数不限，一般12人以上，表演时根据不同队形和阵列奏以不同的鼓曲（谱）。伴舞有男女之别，不可混淆：女舞持绸扇、彩妆，根据鼓点相互穿插、绕转、摆造型；男舞一般手持枪、叉等工具，配以各种夸张、滑稽舞蹈动作，少有固定套路。

胜芳跨鼓会是霸州最为古老的一道花会，又叫"雷音会""驾前鼓会""皇封大会"，是明朝初年由驻扎在当地的守军所创。如今，跨鼓会依旧保存着几百年前的58（节）套鼓谱。

狮子会

霸州狮子会早年由河北徐水传入，舞狮表演一般由2人前后配合，前者双手执戴在头上的狮头道具，后者俯身，双手抓住前者的腰部，披上用牛毛缀成的狮皮扮演狮身，两人合作扮成一只大狮子，称"太狮"；另由一人头戴狮头面具，身披狮皮扮演小狮子，称"少狮"，而手持绣球逗引狮子的人称"引狮郎"。

狮子扮相外形夸张，狮头圆大，眼睛灵动，嘴大张合有度，既威武雄壮，又憨态可掬，表演者能将狮子的站、看、跑、走、跳、睡、滚、抖毛等动作淋漓尽致地加以刻画和展示，做出"耍长凳""梅花桩""跳桩""隔桩跳""360度拧弯""独立单桩跳""前空翻下桩""后空翻下桩"等高难度动作，游刃有余，功夫了得。

中幡

幡是旗的一种，尺寸有大小之别，按大小分为硕幡、中幡和小幡三类。硕幡比较重也比较高，一般要在12米以上；中幡一般在9米左右；小幡则只有3~4米，一般在剧场、茶馆等处表演。

中幡净重30余斤，起源于皇室仪仗队的旗杆，后演变成民间庙会中的表演节目。中幡表演手法包括挑、端、云、开、垂和腿法（踢、抽、盘、跪、过），可分单练、双人对练和集体练，有50余个动作。将幡抛起用脑门接住的为"霸王举鼎"，单腿支撑地面用单手托住的为"金鸡独立"，此外还有"龙抬头""老虎撅尾""封侯挂印""苏秦背剑""太公钓鱼""擎一柱"等样式。

划旱船

新中国成立初期的胜芳中幡

舞狮

跨鼓

叉会

花会表演者

跑驴儿

叉会

叉会，又名云叉会，以古代兵器花叉为主要道具，鼓、钹等打击乐为主要配器，表演基本技巧有"迎面花""手串儿""鲤鱼挺身""倒流水""四踢（前后左右、软硬高矮）""反正打叉""左右打叉""单手打叉""双手打叉""水磨""金丝缠腕""单指纺线""小鬼推磨""倒拉瓜秧""就地十八滚""苏秦前后背剑"等，四项绝技为"旱推磨""掂金钱""大背剑""鲤鱼挺身"等。表演有单叉、双叉之分，叉头又有单、双叉头之分，可单人耍，也可双人、众人耍，还可一人耍双叉，双人耍三叉等。

↑ 胜芳武术

武术会

霸州是武术之乡，习武健身者众，历史上出过许多著名武术名家。如和珅府传奇武师"竿子高"高升、威震津门"霸州李"李茂春、"八卦掌"李振清、大成拳师狄振东等。流传较广、见功底的拳术有六合通臂拳、功力短拳、少林六合门、八卦掌、杨氏张派太极拳、太祖门、龙行门、唐拳门、翻子门等，仅胜芳一镇就有武术会十余道，习武之风，可窥一斑。

据载，扬芬港风云武术会始建于明永乐年间，可表演武术套路达百余种。曹锟做大总统时，曾赐巨匾一块，上镌刻"武术继世"；天津警察厅亦赠匾一块，题书"发扬国光"。

音乐会

霸州的音乐会来源于宗教音乐，其音乐可分为僧传和道传两种，僧传音乐俗称"和尚经"，道传音乐俗称"老道经"。域内以僧传音乐居多。

霸州音乐会的乐器有文、武之分。僧传音乐文乐部分有管、笙、笛、云锣、鼓、小镲、铛子，其中管子有大小，通常用小管；笙为13簧；云锣为10音锣。演奏时，管子为主奏乐器，笛子起加音作用，笙为节奏乐器，起旋律长音的填补作用，文乐中的打击乐器起固定节奏节拍和对比渲染作用。武乐部分主要有大小扁鼓、小镲、铛子、大铙、大钹，其在音量、音色、速度、力度等方面均成对比，用以陈述乐思。

↑ 音乐会

演奏时，文、武乐器相互连接，交替出现，文停武入，以便乐器、乐曲间形成鲜明对比；整章音乐雄浑古朴、苍劲肃穆，悲音中又蕴育无数情趣。

域内僧传音乐会演奏的曲目比较繁杂，计有300余种，多以套曲、大曲、支曲及杂曲等基本形态存在。高桥音乐会、胜芳南音乐会和信安张庄音乐会都被列入2006年首批国家级非物质文化遗产名录。

除上面介绍的花会外，霸州还有"杠子会""杆会""什锦会""坛子会""刀山会""十番会""冰雹会"等不一而足。

中国民间
文化遗产
抢救工程
THE PROJECT TO CHINESE
FOLK CULTURAL HERITAGES

　　霸州作为古老黄河曾经的流经之地，不仅孕育了史前文明，更是隋唐大运河北端重要的节点和金、元、明、清时代南北漕运的繁盛之地。山川形胜、城池古堡、关寨公所、庙祠庵寺等遗物或遗迹有说不完的故事，道不尽的情怀。其形其态其貌，无不诠释着霸州千年古城的百般姿容和万般沧桑。

↓ 胜芳牌坊

第五章

寻 迹 觅 踪
探幽古而溯根

↓ 胜芳戏楼

名胜古迹

霸州文脉悠久，地灵人杰，在与自然相伴相生和抗争发展的进程中，产生了众多的自然风物和人造景观，这些都是过往霸州呈现给当代社会的璀璨瑰宝。

↑ 霸州古城（砖雕）

海河流域的古大清河

大清河位于海河流域的中部，西起太行山区的拒马河，东至渤海湾，流经晋、冀、京、津四省市，上游分为南、北拒马河两支，是中国海河水系五大古老河流之一。至于它独得"清"名者，全都是因为北邻的永定河（古称漯河、浑河、无定河）、南接的滹沱河之水皆浑浊，唯有此河独自"清澈"。霸州就位于大清河流域的中游。在历史上，每当洪水之季，大清河水系常受永定河、滹沱河以及曾经流经霸州的黄河的干扰，以致这里形成很多淀塘洼

↓ 霸州城南

地，成为谷形盆式淀河。

大清河上游分为南北两支：南支来自恒山南麓，北支来自太行山东麓，两支汇于雄县新镇（今属文安管辖）后称为大清河。其总长度达483公里。北支为白沟河水系，其上游主要有桑干河、卢沟河（浑河）、白涧河（今无）、夹河、拒马河、白沟河、乌流河、琉璃河、胡良河等9条河流汇入；南支为大清河水系，主要支流有黑羊河、一亩泉河、方顺河、唐（糖）河、沙河、磁河等6条河流汇入。

↑ 大清河船夫拉纤

信安海墁

↑ 大清河货运

墁即壖，司马光《类篇》卷39释"壖"为"一曰游地、水滨地"，由此可见，壖就是与水相接的滩涂地。陈喜波通过研究，在其所著的《漕运时代北运河治理与变

迁》（商务印书馆，2018年版）一书中认为“信安海堧”即为信安靠海边的滩涂地。古时，河北平原上的旧黄河、漳水、衡水、拒马河、沙河等河流，皆汇合在渤海边以内不远处的陆地。按照唐代“三会海口”的记叙，据此推测，信安海堧大约在今天津杨柳青附近。《金史》所说漕船合于信安海壖，自然是受河流汇聚于此的地理条件影响，因此信安海壖约在唐代记叙的“三会海口”附近。

卞僧慧经过详细考证，在其所著的《试说直沽寨和信安》（天津古籍出版社，2011年版）一书中认为，宋时的“信安军东界约在今天津西青区北部或天津旧城以西一带，信安海壖当位于此”（霸州史志上绘制的明嘉靖区域图标识至正东静海界120里。而旧运河霸州全长120里，西起外八村丰盈屯北，东至丰屯霸州界120里）。与现考证的霸州区域治所在北魏时移至雍奴（今武清区西北）的描述相吻合。

《金史》卷27（河渠志）还记载与潞河相连接的通漕之水：“其通漕之水，旧黄河行滑州、大名、恩州、景州、沧州、会州之境，漳水（大清河上游）东北御河，则通苏门、获嘉、新乡、卫州、浚州、黎阳、卫县、彰德、磁州、洺州之馈，衡水则经深州会于滹沱河，以来献州、清州之饷，皆合于信安海壖……其他若霸州之巨（拒）马河，雄州之沙河，山东之北清河，皆其灌输之路也。”

古运河（后周御河）

旧称藏粮河、盐河，在城南外八村丰盈屯北，来自五观淀（又名武溘淀，今任丘市东北35里），东入文安，即今大清河流域，其下游流至天津独流口（沽水）。霸州史志中记载域内有120里之长，当时，仅东部长屯就设有冯家口、卢家口、南程家口、北程家口、南苏家口、北苏家口6个口岸，兴盛繁华可窥一斑，就更别说位于霸州中段的信安和胜芳了。

范文澜所著《中国通史简编》中记述，周世宗在谋得帝位后，先后恢复了隋唐时代的漕运之路。959年，周世宗柴荣令韩通等率水陆军自沧州（今沧县东南）经水道入辽国，在乾宁军（今沧州西100里）安营扎寨，治水道通瀛（沧州）莫（任丘）二州，之后乘龙舟，至独流河口（今天津静海县独流镇），再逆流西行到益津关。

《明史·纪事本末》记述了明惠帝建文二年（1400），燕王朱棣起兵率将士南渡御河至苏桥，沿水道乘舟攻打津沽。

范文澜认为，周世宗柴荣虽然没能完成疆土的统一大业，但在水路上基本实现了交通的统一。

古南关城

系古村落，在霸州南。《九域志》载，州有南关城，赵武灵王所筑。因为以前朝鲜有"关城"一说，故此城被称为"南关城"。考古发现，早在商周时期就有人在此居住。

霸州古城

位于现霸州市实验中学东南侧。据明州志载：城周环6里奇320步，后周时"规土为墉，城垣粗具"。至明弘治以后，迭经增筑，城身高1丈7尺，继增高3丈，复增5尺；址广2丈，顶广1丈，女墙高3丈，有垛口1512个。隍池周环8里奇152步，深1丈2尺，广7丈。城门有三，北曰"瞻极"，南曰"文明"，东曰"临津"。传为春秋战国燕昭王所筑，宋将杨延昭尝葺之，以御契丹，周惟土墉，历经金、元，皆因之。

明朝弘治四年（1491），知州徐以贞建东北城楼2座。弘治十二年（1499），知州刘珩以瓮包城北面，建南楼。正德八年（1513），知州王汝翼请内帑陶甓，总东西南三面包之。复建角楼、铺舍，城上有台，门外有桥。城西建楼，曰"清风"。北筑瓮城，曰"迎恩"。嘉靖二十六年（1547），兵备副使王公凤灵募工浚池，环堤树柳，屹为巨坊。楼舍浸敝，知州唐交重修。后为后周、北宋、金、元、明、清和民国历代州（县）治所在地，也是宋辽贸易的重要榷场。

益昌故城

亦称新昌城，汉为县，在霸州东南，今策城。汉元帝永光三年（前41），封广阳顷王之子为侯国，属涿郡，后汉废。

《水经注》云：拒马水东经益昌县故城南。《地理风俗记》云：方城（今固安）县东南80里，有益昌城故县也。

段匹磾歃盟地

位于信安镇南，地势独高，有3个高台，旧时有三官庙，是东晋时段匹磾与刘琨歃血为盟誓讨石勒的地方。"七七事变"前尚有土台2座，隐约能见，村人每每掘之，得古钱。今无存。

↑ 越石盟坛——段匹磾与刘琨歃血为盟地石碑

周河寨

在信安军西5里。《元丰九域志》载其为宋信安六寨之一。今无考。

刀鱼寨

在信安军北3里，《元丰九域志》载其为宋信安六寨之二。今无考。

田家寨

在信安军东10里，《元丰九域志》载其为宋信安六寨之三。今无考。

狼城寨

在信安军东30里，《元丰九域志》载其为宋信安六寨之四。一名安澜城，有里外2城，相距5里。外城属霸州，里城属永清。《大清一统志》载：旧有河流经其间，自浑河来者，经北岸，其流浑。自边家河来者，行南岸，其流清。

佛圣涡寨

在信安军东50里，《元丰九域志》载其为宋信安六寨之五，今无考。

李祥寨

在信安军东60里，《元丰九域志》载其为宋信安六寨之六，今无考。

狼臧城

在城东70里。《方舆纪要》载，信安军东30里有狼臧城。《顺天府志》载，樊家铺或曰狼臧城，近此。

莫金口寨

在城南15里。《方舆纪要》载，相传以莫、金二姓居此而得名。宋设莫金口寨于此，俗名口头村（今属文安县新镇）。

桃花寨

俗称"歇马疙瘩"，土台方9丈余，系宋杨延昭歇马处，在吴家台村北，旧属保定军。《保定县志》称"旋马结达"，音近而讹耳。

鹿角寨

在城东南60里。《方舆纪要》载，宋于霸州置鹿角、雁头等8寨。今废。

雁头寨

在台山东5里。《名胜志》云，州东20里曰台山，又5里曰雁头山（即宋之雁头寨。）

双柳二寨

在城西南8里，二寨东西相距10里，历史记载，旧属归信军，但不知何时入霸耳，今废。

平曲水寨

《元史·地理志》载，霸州治益津县，有平曲水寨（即为平曲城）。

六郎堤

为北宋杨延昭驻守边关时修筑的一条堤坝。坝上广植榆柳，堤内广贮洴水，以达"限辽骑"之目的。

《顺天府志》载："杨延昭筑六郎堤，在霸州西南，起雄县新城界齐家埝，东至老堤村，长1862丈，高1丈，顶宽1丈，底宽3丈，以御西淀之水。"

护城井

明州志载："在州城中，沿城有井七十有二，宋杨延昭所凿。值隆冬，甲士汲水浇城，虏疑不敢进……"护城井是杨六郎借鉴遂城战役的成功经验，在霸州军事防御上的再应用，明朝时多废。

信安城

时乃淤口关的关城，也是信安军的治所。太平兴国六年（981）三月，北宋将淤口寨升格为破虏军，以扼辽国南侵。"澶渊之盟"后，于1005年破虏军更名为信安军。

《宋史·地理志》载："信安军，同下州。太平兴国六年，以霸

↑ 信安六郎城碑记

州淤口寨建破虏军。景德二年，改为信安。"

《金史》载，到金代时，信安城已形成四面环水，城垣内外两重，溏泊深阻的坚固城防。固若金汤的城池曾创下抵御蒙古兵长达16年之久的持续"围剿"奇迹。

六郎城

六郎城为北宋初期的边寨遗址。在1989年版《霸县志》中，载有两个"六郎城"：一为信安六郎城，二为策城六郎城。

信安六郎城 位于今信安镇西南，曾有土基遗存，周四五里。《霸州志》载："六郎城在信安西南半里，遗址四五里，土基隐然，杨延昭筑寨处。"20世纪六七十年代，文物

↓ 信安六郎城石碑

部门曾在该处遗址上挖掘出宋代砖、瓦、滚木、礌石等多种器物。

策城六郎城　即今策城村北的土岗处，高5尺，周约3里，为六郎城遗址。明嘉靖《霸州志》载："拆城（策城），在城东八十里，宋杨延昭屯兵于此，以拒辽。"顾祖禹在其《读史方舆纪要》中记载："信安东三十里，有贩城，又东十里为拆城，宋将杨延昭屯兵拒契丹于此。"

地下古战道

地下古战道，在明嘉靖《霸州志》中称为"引马洞"，是宋辽时期的一项秘密军事工程。明嘉靖《霸州志》载："引马洞，宋杨延昭所治，始自州城，中通雄县，每遇虏至，潜以出师，多所隽焉。"

引马洞是以霸州为中心，呈辐射状通向周边的地下古战道，由霸州向东通信安，向南通新镇，向西经双堂、祁岗、孤庄头、邢村

↓ 霸州地下古战道

通雄县，向北经辛庄通永清。

草桥关

在城北1里，北关厢外。《长安客话》载，霸在宋时，盖与辽分界处，传杨延昭建草桥于此，因以名。明代田浩《草桥古渡》诗云："草桥两岸抱青湾，一经横拖霸水间，帝阙下临通万国，天雄并立号三关。契用恃险曾分据，辽宋连合任往还，今日太平朝贡路，行人到此望燕山。"民国时草桥犹存。

苑口关

在城东南18里，明景泰癸酉（1453）建，1930年裁撤。

↑ 汉代驿站石雕

益津县城

古县名，金置，元省入霸州，明仍省入霸州。旧州志云，霸州城东北隅，有潴水，故益津县治也，广3里许。

大良驿

在城东（策城）80里，今废。

益津驿

旧志载，在城东。原设递马12匹，拨归大宛两县固安、宁河马4匹。时存马8匹，马夫5名，递马工料银551两4钱9分6厘，知州掌之。到民国二年（1913），裁驿归邮后，改建习艺所。所废后，以其地设财务局、建设局。

古霸台

↑ 古霸台

周宋时，将台在治后圃，久圮。明朝时建鼓楼，从此呼鼓楼为霸台。1915年重修，在县衙东跨街而建，台高约2丈，有洞门可通车辆。台上建3间两层楼一幢，上层悬铜、铁巨钟各1个，额悬巨匾"畿南第一楼"，台额有砖刻楷书"霸台"二字，西侧有长阶。1948年被国民党县长陈蕴璞焚毁。

晾甲台

位于老堤村西南，周6丈。系宋杨延昭及所率将士晾甲之处。

↓ 古霸台高耸

武将台

宋时其村名为吴家台，盖"武将台"之讹耳。

文天祥信安题壁

文天祥（1236—1283），字履善，又字宋瑞，号文山，道号浮休道人。吉州庐陵（今江西吉安市）人。南宋理宗宝祐四年（1256）状元，宋末政治家、文学家，爱国诗人，抗元名臣。宋祥兴元年（1278）于五坡岭（今广东海丰北）被元军所俘。元至元十九年腊月（1283年1月）于元大都就义。著有《过零丁洋》《文山诗集》《指南录》《指南后录》《正气歌》等。

据民国县志载：南宋右丞相文天祥带兵抗元，兵败被俘，于宋祥兴二年（1279）十月在押解元都途中夜宿信安驿馆。他悲叹家亡国破，世事无常，达旦难寝，而题《调寄南楼令》于壁。

调寄南楼令，宋丞相少保枢密使文信国公题壁词：雨过水明

↓ 文天祥信安题壁

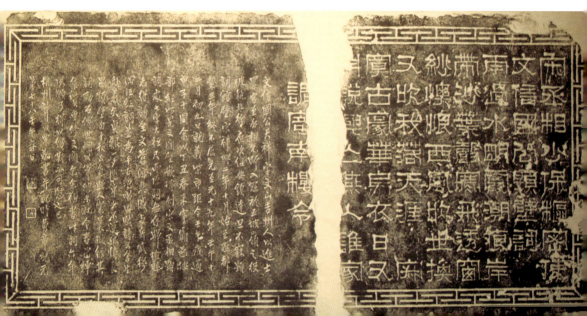

霞，潮痕岸带沙，叶声寒，飞透窗纱，懊恨西风吹世换，又吹我落天涯。寂寞古豪华，乌衣日又斜，说兴亡，燕入谁家，只有南来无数雁，和明月，宿芦花。

雁月楼

位于信安镇，概取词句"只有南来无数雁，和明月，宿芦花"题其名，又称文丞相馆，久废。

龙泉寺

坐落于信安镇，始建于唐末，原名龙花寺，金代改名普照禅院，元代定名为龙泉寺。明崇祯十三年（1640）重修，现存建筑是清乾隆三十八年（1773）重建。寺院内位于大雄宝殿中轴线两侧各有古井一口，水如泉涌，故曰"龙泉"。

大雄宝殿正殿为单檐庑殿式建筑，绿琉璃瓦菱心剪边屋顶，面宽3间，进深3间，平面用柱12根，内镶石质浮雕，中间为佛像，两边有龙的图案相围。大雄宝殿后为千手佛阁，屋顶为四面坡式。

金大定三年（1163）"敕令赐普照禅院"碑文曾载，宋辽作战时，杨延昭被困淤口关（今信安），恰年大旱，各处饮水奇缺，唯有这两口井，水取之不竭；八贤王赵德芳闻之，亲临视察，喟叹道："天助我大宋也，真乃龙泉。"遂派兵严守，尔后授之"御井"美称。

1982年，龙泉寺被河北省定为重点文物保护单位。

龙泉寺大雄宝殿

龙泉寺念佛堂

龙泉寺坐东朝西的财神位

龙泉寺照壁

龙泉寺

龙泉寺石碑

龙泉寺石碑

大隐堂

清史载在州南，明大司马王遴别墅。

文庙

位于州城中心偏西，坐北朝南，建于元初，历经元、明、清三朝和民国初年，历经29次重修扩建。东西面宽50余米，南北面长200余米，规模宏大，殿堂巍峨，碧瓦红墙，古碑、古槐林立，蔚为壮观。

棂星门至照壁为第1层院落。照壁两端各立一竖匾，其一上书"文武官员军民人等至此下马"。东木枋外额题"道冠古今"，里题"礼门"；西木枋外额题"万世师表"，里题"义路"。棂星门3间为木结构牌楼式。

由棂星门经泮池至戟门是第2层院落。北房并排9间，中3间为戟门，东西两侧各有小房2间作为省牲所。东跨院为文昌宫，3间大殿供文昌帝君塑像，门楼1间南通大街；西跨院有西房3间为乡贤祠，有小门通大街。

从戟门至大成殿是第3层院落。大成殿5间建于月台之上，朱柱红墙，斗拱飞檐，门悬巨匾"中和位育"。月台高2尺，石阶3级，甬路宽8尺通戟门，石碑、古槐分列路的两侧。月台东南角下有一巨碑，屃屓高与人齐，碑额勒朱元璋圣旨。东西庑殿各6间。

从大成殿至明伦堂是第4层院落。明伦堂5间，成乐斋和兴诗斋共3间在东侧，立礼斋和食馔斋共3间在西侧。

明伦堂后是第5层院落。主要建筑有尊经阁，基台高约1丈8尺，下有洞门，西有长阶。台上有双檐楼3间。基台前有石碑一

块，上刻文庙平面图。偏南有启圣祠3间。尊经阁后有敬一亭，其
后有号舍40间，久已倒塌。

益津书院

元至顺二年（1331），霸州大儒宫君祺在他的家乡宫家庄
（即宫岗村，今属河北省雄县）创办了宣圣庙学，地盈5亩，房间
十数楹，消除了本村及附近数村学子缺师少学的窘状。而随着各界
名流的参与和加入，庙学的社会影响日益广泛，办学规模不断扩
大，庙学便更名为"益津书院"，成为霸州及周边县域名流学者讲
经论道和文人学子仰慕向往的文化圣地。

↓ 元代益津书院（复原图）

胜芳大悲禅寺

↑ 大悲禅寺藏经阁

又称胜芳大悲寺，是胜芳三大寺之一，旧称北大寺，始建于元朝末年，复建于明天顺元年（1457），重修于正德五年（1510），清朝达到鼎盛，后因天灾兵燹毁劫，2008年复建。该寺占地8万平方米，建筑面积2.8万平方米，拥有大小殿堂楼宇23座，重重殿宇金碧辉煌，交相辉映，错落有致。

↓ 胜芳大悲禅寺石碑

扬芬港行宫

坐落于扬芬港村东南，是古时霸州为皇帝所建的第一座行宫，建于清乾隆年间。行宫四周引河环绕。河上，间有石桥。左为停靠龙舟的船坞，右为存放仪仗、随身用物的銮舆所。行宫周围高墙耸立，金瓦红墙，四面设有宫门。宫门前，白石为阶，在围墙四角各置角楼。正殿坐北朝南，两侧配有耳房，东西两厢分置陪房、宫房。前为东淀。据载，乾隆一生曾三次在此驻跸。

淀祠行宫

位于城南15里霸州镇太保庄村西，大清河的北岸。于清乾隆年间修建，原行宫占地40亩，行宫内建筑气势雄伟，景色错落有致，可谓水天一色，别有洞天。

↑ 淀祠行宫（复原图）

淀祠行宫设有静宁斋、颐庆堂、惠畅楼、互镜轩、问源亭、延清阁、澄渌池、引薰廊等。东侧为淀祠，占地12亩，门前端坐石狮2只，石质坚白，高9尺有余，雕工精美，石狮口中含球，可转动而不可取出；门上方悬"敕建淀神庙"巨匾；前为建碑殿，内置乾隆三十四年（1769）书石碑一块；后有大殿3间，殿两侧各置配房5间；大殿后设有碑林和僧舍。1946年淀祠被毁。

中黄亭

在营上村西南，清河北岸。有乾隆御碑，今亭圮碑仆。

↑ 胜芳王家大院西北院前厅

王家大院

建于清光绪六年（1880），为主人王子坚所造，坐落于胜芳古镇中山大街。宅院是四进院落，集欧式和清代建筑风格于一身。当时从设计到施工都是从天津请来的工程技术人员，耗费白银三万两。西南、东南两院及大门、二门、三门于1976年受唐山大地震波及被毁。现西北和东北两院保存完好，占地面积652平方米，建筑面积518平方米。

张家大院

雅号"聚兴堂"，坐落于胜芳古镇中山街南侧，扩建于清道光

↓ 胜芳王家大院东北院前厅

十年（1830）。

该院占地1648平方米，建筑面积1015平方米，为四进院落，有大小房屋51间，临街有垛口和女儿墙，房顶周边有更道，四周为封闭式砖墙，从北门进出。东侧一、三进院略带西洋风格；西侧二、四进院为传统中式建筑；四进院落间靠小门、回廊相连和贯通，是一座中西结合、南北结合、官民结合的清代典型建筑民居，与江南"一颗印"建筑风格异曲同工。

电影《小兵张嘎》，电视剧《血溅津门》《燕子李三》《龙嘴大铜壶》等多部影视作品曾在此取景拍摄。

2001年，被列为霸州市文物保护单位；2008年，被列为河北省重点文物保护单位。

↑ 胜芳张家大院东进院

↓ 胜芳张家大院西进院

胜芳"三宗宝"

明清时期的胜芳，在经济的滋养下，文化日渐繁盛起来——社戏、私塾和官办教育等文化品牌及设施蒸蒸日上，规模和格局在当时的霸州乃至周边都是屈指可数的。古建筑戏楼、牌坊和文昌阁被称为胜芳"三宗宝"。

戏楼

胜芳戏楼坐落于中山街，旧称"九成楼"，建于清乾隆年间，咸丰年间重修。该戏楼坐南朝北，外侧正上方悬一竖匾，楷体丹书"九成楼"。"九成"者，谓之"九重"，以言其极高也。戏楼内侧正中，悬有一块"动昌天倪"的横匾，相传，清代纪虚中为表达

↓ 胜芳戏楼

对贪官污吏的愤恨，特意把"官"字去掉宝盖，用古体"吕"来替代，纪虚中也因此事而获罪。

牌坊

坐落在胜芳古镇关帝庙门前，是一座独具特色的四柱习檐木质结构，建于明末清初。牌坊高6米，上方柱芯有一块匾额，北面上书"人伦之至"，南面上书"护国庇民"。顶部的两层习檐为凹槽式木块咬合结构，无钉，习檐向外伸出4尺余，至飞檐处6尺有余。如此巨大的帽子却仅仅靠直径半米的4根柱子撑起，而没有斜戗，在历经无数次战乱和风风雨雨的袭扰，依旧安然无恙地矗立，不得不佩服古人的建筑智慧。

文昌阁

坐落于胜芳古镇东南，建于明正德十四年（1519），历代多

↓ 胜芳牌坊

有修缮。

文昌阁下筑基台，上为三层结构，四方形，主体三丈三尺高，暗喻三十三重天。上有宝顶高一丈二余，寓意登高之人可攀临天外之天。

文昌阁上分别悬一块竖额"魁星楼"和横匾"文昌阁"。阁层间通过楼梯上下连接。第一层辟有南北拱门，四周无物；第二层三面围砖，一面为前敞式木结构，厅内供奉着文昌塑像，粉面长髯，又名文曲星，另有白马与马童侍奉左右，壁上刻有佛界神仙，形态奇巧，各有千秋；第三层为全木架结构，由32根立柱托起阁顶，内上悬"天下闻名"，供魁星雕塑，其相貌狰狞，单脚踏鱼头，右臂高擎，手握毛笔，大有一笔定乾坤之势。

↓ 胜芳文昌阁

牤牛河历史文化公园

　　牤牛河历史文化公园由带状公园和牤水湖两部分组成，北至金各庄闸门口，南至太平桥，沿途设置"北楼山色""霸台朝阳"等益津八景和宋代古战道、景观桥、亲水平台等多个景观，是霸州市委、市政府为满足百姓文化、体育、休闲需要而打造的重点民心工程。

　　"北楼山色"的北楼即为益津关，位于迎宾桥南侧牤水河东岸，由城楼、箭楼和瓮城组成，主楼建筑面积642平方米，城楼高24.59米，箭楼高15.51米，城墙高7.90米，为明清典型建筑风格。其周围是一系列供市民娱乐、休闲、健身的绿地和广场。

↓ 牤牛河历史文化公园

　　"霸台朝阳"景观的霸台就是点将台，位于飞鱼桥南侧牤牛河的西岸，是整个带状公园的中心地带，建筑形制依据历史记载按原貌等尺寸复建而成，占地1296平方米，建筑面积725平方米，点将台高6.50米，台上置双层式楼阁。

　　宋朝古战道（引马洞）现有500余米，其结构独特，地形复杂，高矮不一，宽窄有别，蜿蜒曲折，而且多为直转角，个别为蛇形，洞内既有宽大实用的藏兵洞，又有千回百转的迷魂洞，还有翻板、翻眼、掩体、放灯处、议事厅、粮草处等军事专用设施，整个古战道具有运兵藏兵、快速传递情报以及充分运用声学原理监测地面敌情的机关设置，堪称中国古代军事史上的"地下长城"。

　　牤牛湖位于牤牛河带状公园东侧，由"益津八景"之"老堤晚渡""苑口秋涛""盐河春鸟""环城烟柳""堂淀风荷""东庙波光"等组成。

↓ 牤牛河历史文化公园市区段

↑ 牤牛河听雨桥

↑ 牤牛河中心段

霸州八景——自然风物的浓缩与独白

霸州八景，始载于明代州志，称为"霸台八景"，清志改称"益津八景"，较之明代更具象、生动和全面，是研究霸州地理风貌、乡土人情不可或缺的一手资料。

霸台朝阳

明郡人王乐善叙曰：后圃，盖周宋时将台也，今一抔土耳。乌睹所谓朝阳者哉？谯楼在郡治左方，崇基备仞，杰阁两成。拾级而升，则域内居然眉睫。厥位面震，得旭最先，厥名既符，故称故宜。标以旧胜。

明·郡人　王乐善

高台阿阁郁辉煌，建鼓鸣钟控大荒。

碣石烟霏天漠漠，扶桑日上气苍苍。

霞标山色盱衡入，树杪河流绕槛长。

举废贤侯成胜事，颍川应有凤来翔。

老堤晚渡

王乐善叙曰：老堤，郡南小聚也，当孔道。每秋潦灌河，梗途几十里所，村人悉事津渡。羲驭将迁，客途就憩，残霞明水，凉雁团沙，鸭鹭凫鸥，嗳喋吟叫于遗禾野草之中，而人之篙者、桨者、进者、返者、呼者、赞者、升者、降者、担而趋者、骑而牵者、立而俟者、踞而谈且笑者，影杂声错。回视柴门茅舍，相向背于荒野返照，孤洲浅水，又恍如鲛人居，即有善绘者，亦未得其一二也。

明　田皓

水阔天低接远洲，残晖斜映汉河头。

几家茅屋水村晚，千顷蒹葭泽国秋。

帆影渺随孤雁下，波光细漾落霞流。

舟横蓼岸渔翁醉，雨后丝轮尚未收。

环城烟柳

王乐善叙曰：城隍堤上，巨柳千章。嫩黄摇金于春仲，雨宜。飞花舞玉于初夏，风宜。浓阴张幕于盛夏，日宜。烟晨月夕，尤为可爱。

明·郡人　王乐善

含烟带雨覆春城，嫩绿新藏二月莺。

河畔一枝聊赠别，陌头千缕更关情。

飘零自喜风初软，眠起偏宜日正晴。

最是黄昏惬人意，画桥掩映月华明。

堂淀风荷

王乐善叙曰：郡，泽国也。东南境上多淀，淀产莲者俗名莲花。泊，大者凡十余里，由堂二务以至胜芳，绵延不绝，环以菰芦，砭如青城，界以深港，明如博道，绿净红芳，以目之所穷为畔，宛然红锦地衣也。西湖之胜以"十里荷香"，此又奚啻十里耶。

明·郡人　王遴

芦荻苍苍水接天，片帆摇曳镜中悬。

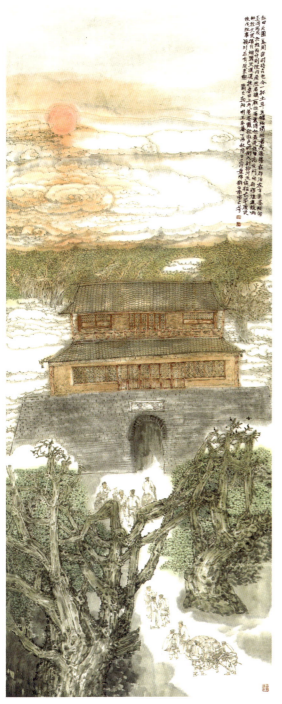

↑ 霸台朝阳

↑ 老堤晚渡

↑ 环城烟柳

↑ 堂淀风荷

寒冲远塞鸿初下，暑散横塘柳渐残。

紫蟹白豚浮细浪，菱河渔唱起长烟。

一从张翰东归后，更有何人上钓船。

东庙波光

王乐善叙曰：郡城东北隅有大潴，盖故益津县治也。岁久卑湿，众潦归焉。两泽相丽广三里许，中有东岳祠、武庙，时巨珰张忠所筑。今虽非故观，然尚为宏壮。水环垣如抱，每朝晖夕阳，波纹倒影，墙壁檐棋如琐窗、如雕几、如绘荇藻、如窥镜中、如隔雾縠，而车马人物，幢幢往来，变幻万状，又如文登海市也。尝中秋夜过其处，月光星彩，一白无垠，极为奇观。

明·郡人 江化鳞

丛祠高构抱双洲，树色溪光翠欲浮。

荡漾晴波摇夜月，霏微蜃气锁重楼。

檐牙斜倒层层影，鸟翼轻分细细流。

扶策偶来寻胜地，分明人在镜中游。

北楼山色

王乐善叙曰：郡无山，去大房百里而遥，衍麓平原，朝日午晴，乃见山色。地饶林木，多所障蔽，登城北门楼，由树杪望之，郁哉葱葱乎，何异掌中列耶。

明·郡人 江化鳞

西山爽气接蓬莱，遥映孤城列障开。

倚槛落霞连大漠，卷帘晴色散燕台。

千重紫翠临窗满，一带青葱排闼来。

日有数峰劳应接，不烦芒跻陟崔嵬。

盐河春鸟

王乐善叙曰：岳庙东之水，俗谓盐厂河。每岁冰泮时，辄有水鸟千群，容与其上，夏深乃去。清风明月之夜，鸣声咿哑，彻于远迩，不谓居之在城市也。

明·郡人　王乐善

故宫为沼几何年，一掬清波尚可怜。

平浦夜晴容月漾，小坻春暖放鸥眠。

凌波一一新声乱，唏羽茸茸细草芊。

便觉江湖在城市，风流何必羡平原？

苑口秋涛

王乐善叙曰：苑家口（苑口）在郡东南河。郡当九河下流，赵魏之水，毕汇于雄之茅儿湾者，悉由郡南，东绕之艮方雍奴（今武清）以达于海。郡西水多漫流至此口，以两崖居民之束也，曲防之固也，乃使入地中行。每秋潦盛时，泱潒东注，流沫盘涡，涛声冲撞，如昔人所称吕梁者云。

明·郡人　王乐善

西来一水抱孤城，拍岸涛声日夜鸣。

乍似昆阳奔万马，还疑淮海斗长鲸。

神京王气凭关锁，全冀溪流此合并。

一障坐为三郡害，谁修禹绩达承明。

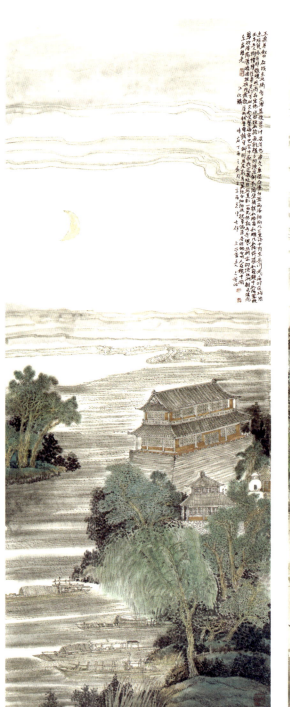

↑ 东庙波光

↑ 北楼山色

↑ 盐河春鸟　　　　　　　　　　　　　　　　　　　↑ 苑口秋涛

捕捞技艺

东淀大洼每次涝灾，都会把大量的稻谷和腐烂秸秆冲入淀塘，成为各类鱼和众多浮游生物的饵食，加上茂密的芦苇，极适合各种淡水虾、蟹、鱼的繁殖与生长，因此胜芳东淀的水产相当丰富。

捕鱼技艺

东淀的鱼类主要有鲤鱼、鲫鱼、噘嘴鲢子、草鱼（厚鱼）、鲇鱼、嘎鱼、黄钻（猴头）、红眼墩子（细鳞大眼）。在这些鱼中又以鲤鱼、黄钻、红眼墩子等经济价值最高，鲫鱼、噘嘴鲢子产量最大。除此之外，还有鳝鱼、红腮儿、泥鳅、齐头、黄瓜条子、麦穗、大头鳗、短脖、爬虎、毫根、薄皮、刺泥鳅、布鱼等十多种小鱼。这些小杂鱼的经济价值虽不高，但繁殖快、产量高、易捕捞，在水产总量中占有较大的比重。另外，每到汛期，上游分洪时随第一次洪峰而来的有一种名为"山石榴"的小鱼，这种鱼虽小，但非常肥美。

由于胜芳的水产极其丰富，人们在长期的生产实践中摸索积累的捕捞技术也是高效、灵活、多样的。当地渔民有这样的顺口溜："勤罾，懒网，自在箔。"意思是说搬罾的要勤搬，下网捕鱼的不要急着收网，下箔捕鱼的要等着鱼悠哉地游进来，就可以收获了。

下箔漩　下箔漩（苇子编成的箔）的规模大小不等。大者占地数十亩，分为大轮、二轮、三漩捞窝，大型漩设有晃漩，有单挂和双挂之分。根据地势和水流拉出1~2条诱鱼的挺子，鱼顺着挺子游入漩后只能沿箔向里游，直抵捞窝，鱼进了捞窝就出不来了，因此也叫迷魂阵。

打箔杖　是一种在夏季集体捕鱼的方法。捕鱼前，派一位有经验的渔工到洼里选地，然后渔民们带着箔、木棍等工具，二十几个人手持木棍由前面一个人领头，先是一字排开，用粗杖棍拍打水面，逐步形成圆弧形状，然后用鱼箔随着拍打的人群将鱼圈在中间，逐渐缩小包围圈，提前用箔拉出鱼窖子。箔外之人用脚往里踢箔，箔里的人用手摸鱼，等包围圈缩到一定程度后，再用工具往上打捞。

砍网仗　是秋夏之季集体捕鱼的一种方法。几人或十几人都可以，主要工具是用棉网线织成的网，网底拴网脚，网上部拴浮标，再就是用竹片编成的圆罩。把网从一头开始撒成圆形，然后渔工在网圈里一边扒网一边砍罩。当有鱼碰罩时，渔民再用双手把鱼摸上来。

拉大埝　是一种在深水里捕大鱼的方法。鱼在水里看到埝绳就像看到一条土堤一样，不再往前游。渔工用青麻制成直径约5公分粗的大麻绳，绳里加砖末子以增加绳的重量，隔1米多加一根柳杆，柳杆上拴一条红布条，埝绳两头有专人拉着，形成圆弧状。当鱼触碰埝绳，柳杆晃动，渔工就将事先准备好的大麻罩扣在杆动的地方，再用叉把鱼叉上来。

散砍罩　渔工单独或几个人提着一个用竹片编好的罩，在水里砍，鱼一碰罩，就把鱼摸上来，回手放到鱼篓里。

坐清网　把四棵木桩钉在河里，三面挂网，对着流口的一面做成活网帘，里边插上一些较干净的苇子，上面再用席子搭上，如果有鱼进入网箱，就把网帘放下，用回子把鱼打上来。

打丝网 将网眼不一的粘网，分别抛到洼淀里，然后到远处敲响板（一种四角上翘，用木棍击之特别响的特制钢材），利用此法吓唬鱼往粘网上撞，渔民定时扒网捕鱼。

端黑鱼浆 鱼浆是指一大群尾随大黑鱼的小黑鱼。捕鱼者撑着一只大船，船头放一个端网，网口对着前方，当发现一条大黑鱼带着鱼浆在水面上转悠时，船后的渔工就把舵提起来，前面的人同时用力撑一下船，由于提舵撑船的速度过快，产生较大的水流，大黑鱼迅速就被惊跑，而鱼浆反应较慢，此时的渔工只要把端网往水下一按，鱼浆就会全部"灌"入网中。

下小鱼网 渔工在较浅的水里撒下一道道网眼很细的丝网，定时收网，此种方法专门用于捕捉淀内的浮鱼。

下卡捕鱼 渔工将薄竹片制成U形，等间距拴在一条网线上，口端用晒成半干的稗草，取出草蕊，用剪刀剪成半厘米左右的节，套入U形环上，里面放上鱼饵，撒入洼里，当鱼吞饵时，卡箍打开，U形环一张便把鱼嘴卡住，胜芳"卡鱼——支嘴"的歇后语就出自这里。

操喇叭腿 找合适的河沟，把芦苇箔下成喇叭形状，端口放一个小迷糊（类似地笼，长而弯弯曲曲，鱼进得来，出不去），在喇叭一头的远处有节奏地操块头（木榔头），把鱼赶到里边去。这种捕鱼办法适合于冬季冰上操作。

下小迷糊 找一个有水流的河沟，对着水流方向把鱼箔下成喇叭形状，嘴口一端放一个小迷糊，鱼就会顺着水流进入小迷糊里。

下提拎 用竹片做成撑子，四角之上挂上网片，再用一块木板系上作为浮子，网片之上放鱼饵，扔在水面上，定时打捞倒鱼。

下大篮 大篮是用芦苇编成的带眼的长圆形捕鱼工具,两头有"须"。两块大篮对在一起,用竹扦封上,再顺着大淀的草地边缘下一趟鱼箔,把大篮放在靠苇草一面的鱼箔边缘,定时用钩子把大篮钩上来倒鱼即可。

散夹罱子 罱子是用两棵竹篙做的剪刀形状支撑,底下用竹片做成底平上尖的三角支架,支架上挂上网,到大淀深水里夹鱼。用此种方法一只船两个人就可以操作。

搬罾 罾是用木棍或竹篙做成弧形的四角撑子,底部挂上网,固定在船头或挂靠在岸边一处横杆上,再将其放入水底,几分钟搬一次,即可收获罾上的鱼。这种办法必须设在常有鱼游过的流口地带。

散摸鱼 渔工身后背一鱼篓,寻找一块水浅而且有鱼藏身的水草地,靠双手在水草之中摸鱼。

赶网 用比较细的两根竹竿扎制成剪刀形状,做成弧形,三"面"一"底"。两"面"一"底"挂上网,一"面"没网,在河沟或秧田沟里,一只手持丁字形杆往网里赶鱼,当鱼进到网口后,持网的另一只手迅速将网提起,打捞入网之鱼。

晃清 又叫晃窝混。一人撑一只小船(舱排),在一米左右深的清水面上,撑船者站在船头使劲地摇晃,边摇边往前撑船,发现清水面上有浑水冒出,即提起鱼罩,飞快地把鱼扣在罩里,然后伏下身子在罩里摸鱼。

下张网 找一处有急流的河口,把一张有活口的大网分别固定在两端,网口越往后越小,尾处留一个盛鱼的网兜,上游的鱼随着急流游来,被迅速冲到网的后兜,定时往外倒鱼即可。

下憋　憋是用竹片做成的能进不能出、形似炮弹状的捕鱼工具。在有流口河沟的上游，用土埝截住水流，然后把憋卡在中间，上游的鱼就可随水流进入憋内。

拉杆网　杆网也称二兜，是用棉网线织成的有两个网兜的网，用竹竿穿在一起，网底拴网脚子，浅水处用人力拉，深水处可以把网拴在船后随船往前拉，靠岸后提网倒鱼。

罩耙子　在大淀芦苇边上，找一块地方插上各种草做掩护，在罩耙子周围撒上草籽，引鱼去吃，待看到鱼来食，立即用罩扣上，然后捞鱼。

下粘钩　这种鱼钩是带有倒刺的钩，用网绳连在一起，不锁食。当鱼碰到钩子，便让倒刺钩上。

下鲇鱼钩　一种特制的鱼钩，往钩上锁活泥鳅，下在水底，专门钩大型的鲇鱼、黑鱼。

淘埝　在水洼快干涸时，在洼淀里打一圆形土埝，用工具往外淘净埝中之水，"涸泽而渔"。

放鱼鹰　此种小船两头尖尖，两端设有鹰架，为了不让鱼鹰把捉到的鱼吃下，要在鱼鹰喉咙上系一细绳，当鱼鹰捉到鱼后，主人用篙把鱼鹰搭上船，取下鱼之后，再把拴喉咙的绳松开，捡一条小鱼给它吃，以示鼓励。

出窝子　冬天里最适合在锉草（也称节节草）茬子地里操作。因锉草茬子比较高，所以水底较温暖，鱼喜欢在这样的地方聚集。"六九"季节，渔工撑着托床，带着鱼箔、块头、镩、铁索链等工具，选择好的地块，排成弧形，先是用镩凿开冰眼，同一时间用块头往冰眼里捅（俗称"操块头"），目的是使受惊的鱼往一起集中。在另一端，人们用铁镩在冰上开槽下苇箔，挡住鱼的去路。当两部分人逐渐合围一处，苇箔就被圈成了弧形，此时太阳已升起老高，天气转暖，那些冻在冰上的苲子根便开始与冰脱离，渔工们再把冰切成块，底下穿上铁索链，两头让人用力拉，这叫咧索子，其目的是让苲子根完全与冰层分开。然后苇箔跟着咧索子逐步向一起靠拢，待到形成适合的包围圈后，由专人到圈里摸鱼，包围圈最小时，鱼都进了已经拉好的鱼窝子，即可用打舀子往外捞鱼。

叉排子仗 冬季里，渔工们先用竹片做一个屋状的三角骨架，四周封上苇席，之后在冰上打一个约一米直径的冰眼，然后把这个屋状三角排子扣在冰眼上，渔工在上面查看鱼的动静，当有鱼进入排子时，就用鱼叉叉上来。

扒网仗 在冰上选一块常有鱼活动的地方，用镩把周边凿开一圈冰沟，然后用苇箔围上，再将苇箔圈里的冰打开，用专用工具把冰运走。渔工们则手持扒网站在尚未打开的冰面上扒鱼，扒上来的鱼先倒在冰上。

加罱子仗 此种方法与扒网仗基本相同，只是用罱子往上夹鱼。

打冬网 这是一种用大网在冰上集体捕鱼的方法。渔工们用冰镩在冰面上打开一个U形水沟，然后把网的横端先放入U形水沟中，两面的人抻着网绳往一头拉。网的阻力很大，这时大家齐喊着打冬网的号子将网拉到另一端，再把这端的冰打开，往上收网。

散扒网 一个渔工或几个渔工自己扛着扒网，带着镩到洼里，找一块合适的地方，打一个直径一米左右的圆孔，用扒网四下里捅，扒上来之后，把鱼、泥、水草等一同倒在冰上，再捡鱼。

揭干锅 在水比较浅的地方，将上面的冰层用镩子打开，搬走冰块，即可捡到下面的鱼。

捉虾蟹技艺

东淀水产除了多种鱼类，最值得一捕的当属河塘内的大小虾蟹了。

下虾篓子　虾篓子用芦苇编织而成，口小，中间大，在中间部位留一洞，放进用苇子编好的"须子"，并用绳子穿在一起，篓里放上鱼饵，即可定时收鱼虾了。

下垮茬　又叫螃蟹篓。"垮茬"是用芦苇编织的，分大小头，大头是垮茬，小头略长是桶子，大头两端用苇子制成须状。找一处水深流急的地方，把垮茬下到河底，用带钩的木棍儿（俗称拿子）叉到河底，再用绳子把垮茬连起来，每天早晚可分时段取垮茬之中的蟹。此种捕蟹方法从农历八月开始到十一月左右结束。

↓ 古河道

下螃蟹篓 蟹篓用芦苇编织，分两层，结构与垮茬相同，只是桶子短一点。但与垮茬使用方法不一样，它是在草地上先下好鱼箔，然后把蟹篓用悬空的办法悬起来，引螃蟹往里爬，定时倒取螃蟹。

下螃蟹钩 用细钢丝制成直径约五公分的圆形螃蟹钩，再用绳子拴在一起，钩上穿好用温水泡开的玉米粒，晚上把它撒在螃蟹出没的河道和洼淀里，定时收钩取蟹。

照螃蟹 寻找河道上有流口的地方，钉上木桩四根，周围穿上渔网，流口处开放。木桩上悬挂点燃的马提灯，夜晚螃蟹看见灯光就顺着网往上爬，用回子把螃蟹打上即可。

踩螃蟹 渔工背着蟹篓，去苇地里用双脚踩，当把河蟹踩在脚下时再用手摸之，回手放到蟹篓里。

掏螃蟹 退不到河里产卵的河蟹，会在河边和洼淀边上倒窝，这时带着掏螃蟹的钩子顺着窝往外掏即可。

↓ 撒网

饮食是一个地区民俗文化的重要反映。美食不仅是美食，也关乎精神，关乎文化。霸州地处九河下梢，下连渤海，漕运发达，更是千年的边关重镇，军民混杂，外来移民众多，从而造就了霸州地域物产的丰盛与饮食的多杂。

↓ 胜芳红烧鲤鱼

第六章

风味美食
游子乡愁情正浓

↓ 胜芳清蒸河蟹

地方土特产

霸州东西狭长，西部高上地区以盛产粮、棉、油、菜、瓜、果等农作物为主，东部地区地势较洼，主要盛产鸭、鱼、蟹、虾、藕、菱角、荸荠等，并由此衍生出众多深加工的食品。

↑ 胜芳河蟹

↑ 东淀青虾

胜芳河蟹

学名中华绒毛蟹。此蟹由于生长在海河与霸州淡水河的交汇处，膏肥体壮。其特点是一年四季都很肥，特别是每到农历的七八月间，更为肥美，有"顶盖肥"的美誉。雌蟹卵子黄盈盖，蟹油外溢；雄蟹在背部覆盖着一层白色蟹油，吃到嘴里满口留香。

清朝学者夏仁虎在《旧京琐记》中描述了霸州河蟹在北京广受赞誉的情景："前门之正阳楼，蟹亦出名。蟹自胜芳来，先给正阳楼之挑选。始上市，故独佳。"

东淀青虾

霸州东淀产的大青虾，肉肥、体大，可以生吃，有"生吃螃蟹活吃虾，掉到河里淹不死”的俚语。而煮熟后的虾，红中透着光亮，口感嫩鲜，营养价值极高。此外当地还盛产二居子虾、小青虾和白须虾等。

胜芳松花

松花又名皮蛋，清朝中期，由胜芳人张居征将该加工工艺带回胜芳，并在制作过程中不断改良配方，完善工艺流程，使口感更加适合大众，随后成为当地著名的土特产品之一。

↑ 胜芳松花

胜芳松花蛋体晶莹、呈茶褐色、半透明，形似琥珀且富有弹性，外表面呈现美丽的松花纹；剖开蛋体，蛋心呈绿色或五彩色，黏度适中，清香扑鼻。

挑选优质新鲜的鸭蛋，用生石灰、纯碱、茶叶、盐等和成糊，包裹于蛋体的外表，放于缸内静置。

2003年胜芳松花被河北省人民政府授予“河北省重点名牌产品”称号；2017年入选河北省第一批“燕赵老字号”保护名录。

胜芳藕粉

霸州东淀历史上盛产莲藕，而用白莲藕加工制成的藕粉不仅便于保存而且方便携带，制成的藕粉经温水调稠，开水冲泡后，藕气芳香，润滑爽口；也可制成茶汤，汤色呈微琥珀色，略带桂花香味，清香扑鼻，老幼咸宜，是上等的滋补佳品。

相传，明末清初胜芳诞生了第一家“信诚藕粉庄”，1915年信诚藕粉庄所产的胜芳藕粉，参加了巴拿马万国博览会，并获优秀奖，成为最早进入欧美的中国小食品之一。

小米

即稷子（也称谷子）所制之米。1919年《霸县志》记载："县境所产之米骨重、味香、色正、汁厚。驰名于清末民初各埠。"

碾转儿

又叫碾碾转，为大麦所制。在大麦未完全成熟之前，取其麦粒，去皮壳儿后炒熟，再用石磨碾之，即可得条状碾转儿。

堂二里修记酥糖

霸州堂二里修记酥糖，是把炒熟的纯芝麻，经碾压成面后，再与白砂糖、饴糖、香油、桂花、清水熬煮成糊状，层层混叠揉制而成。因其不粘牙、不留渣、口感酥脆、香味浓郁，深受老人、儿童喜爱。

朱庄大糖

霸州北关朱庄大糖由黄米、大麦芽和去皮熟芝麻等制成，做工考究，入口甘甜，脆香化渣。

东段糕点

初创于1979年，前身为东段供销社食品厂。初时，聘请天津祥德斋退休师傅为工艺指导。

东段糕点松软可口，香甜味纯，制作时不加任何添加剂。所用原料均为自采，经手工精挑细选之后，自制而成。曾在河北省供销系统食品制作比赛中夺得第二名，被省供销社授予传统风味著名食品称号。

老皇甫家糕点

胜芳西桥西新华街一家名为皇甫的复姓人家，用大米面做糕点，人称"老皇甫家糕点"，这在北方是少有的。

首先是把上好的大米用温水浸好，用手工石碾碾成面粉；再在面粉中加入白糖、桂花，用水搅拌均匀后放入模具中上锅蒸之；熟后用刀切成4厘米宽、4厘米厚、6厘米长的小块。老皇甫家糕点吃起来松软，香甜可口，是老人、儿童的最爱。

北山瑞糕点

信安镇北山瑞糕点历经百年传承，以香甜适口、食而不腻广为食客所称道。其中硬皮糕点"自来红""自来白"和酥式糕点"麒麟酥"最受大众欢迎。

刚家大糖

信安刚家大糖始创于清光绪年间，历史悠久，是一种营养丰富、独具地方风味的小食品，其制作过程费时耗工。

刚家大糖至今仍坚持采用大麦、糜黍、芝麻和砂糖等上乘原料作为配伍，其水取自前河边的井水，制作中严遵古序老法。虽是大糖，但不粘牙齿，清香爽口，回味绵长。刚家大糖有芝麻角、瓜仁糖、芝麻棍、芝麻大糖、糖块、糖瓜等十余种。

传统名吃

霸州作为古代的屯垦戍边之城，是多民族的融合集聚之地，加之发达的漕运和元朝以来靠近京、津繁华之都的便利，造就了不同民族、不同种群美食的大汇聚，并在这里得以生根、开花、结果。

↑ 梅记肉饼

↑ 素冒汤

梅记肉饼

梅记肉饼用料讲究，量足料精。1斤肉饼，必须保证肉馅在6两左右；所用葱料只选当地的鸡腿葱。梅记肉饼外焦里嫩，个大味美，具有"傻、大、厚、实"的特点。

素冒汤

是霸州西部城乡特有的一种传统风味小吃。其主料为豆腐和面粉；配料有豆芽、青菜、粉条；调料有葱、姜、蒜、醋、酱油、色拉油、精盐、味精、胡椒粉、花椒面、香油、玉米淀粉等。其特点是在微酸微辣中能品出菜香、（豆腐）丸脆、（豆腐）泡软、（白面）卷酥等多种味道与口感。

贴饽饽熬小鱼

其传统做法是先将鲜活小河鱼
（民间亦称小麦穗）或是小壕根、小
鲫鱼用白面包裹之，煎至焦黄取出，
锅内放油倒入煎好的小鱼，放上葱、
姜、蒜，倒入温开水煮沸后，再沿锅
周边贴上饽饽（玉米面饼子）。最得
法是用柴火烧灶，并要掌握好火候，
饽饽烤得焦黄带嘎渣儿，又脆又甜，
小鱼熬煮得软烂鲜香，入口即化，鱼
的鲜味和着玉米面饽饽的香味，满院
生香。

↑ 贴饽饽熬小鱼

王记馅饼

胜芳王记馅饼每个直径7~8厘米，个小、味美、外焦里嫩、香
气四溢。馅料为鲜嫩羊肉，配以上乘的香油、黄酒、葱末、姜汁等
佐料，再用花椒煮水搅拌；饼皮制作时不用擀面杖，完全通过手指
将面团捻成饼皮，兜入肉馅，直接放入平底锅内摁成饼状，然后用
油煎熟。

杨三烫面蒸饺

位于胜芳东桥道南，由父子三人经营，父亲名叫杨三，摊点由
此得名。

杨三烫面蒸饺有三好：其一是面皮烫得好，而水的温度拿捏最

为关键，火候全凭经验，四季气温不同，烫面温度也会有所不同；其二是馅调得好，羊肉必须是精选的上等羊肉，如遇市场肉量不足，他宁肯只经营半日也不将就；其三是蒸得好，蒸饺火候太大或太小都关乎口感和味道，因此把控好火力的大小是杨氏蒸饺秘而不宣的绝门手艺。

小午寅水饺

在胜芳西桥旁有一小型饺子馆，因主人名叫"午寅"而得名。饭馆虽小，名气却很大，周边郊县、十里八乡无人不晓。两代传承下来，生意仍然红火如初。

小午寅水饺馅好、皮薄、个头小巧且价钱不高。主馅首打猪肉白菜，配以浓缩的高汤，吃起来不腻不柴、滑嫩鲜香。

豆采糕

是一种制作工艺复杂，不能批量生产，成本较高，近似椭圆形的蒸饼，长约9厘米，宽约5厘米，用黏米面包入各种甜馅，外面粘满小白豆瓣，经蒸制，熟后再在外面撒上白糖即可食用。

扒糕拌凉粉儿

是一种流行于夏季的混搭冷食小吃。先用荞麦面加水搅熬成糊状，再盛于深盘，冷却后变成椭圆形小饼子，即为扒糕。吃时用小刀将扒糕切成楔子块，再与凉粉儿（用团粉或鱼鳞粉坨制成）混合，加上芝麻酱、醋、蒜、香油等调料即成。

胜芳千层饼

是一种长10寸、宽5寸、厚1寸的白面蒸饼，由于层多面薄，所以取名千层饼。这种饼是将香油、甜桂花、椒盐、茴香粉等分放在各层之间，而且层次均匀一致，吃起来松软香甜，易于消化，非常适合老幼人群。至今仍然是胜芳东桥"文泰成"饭店的保留主食，久盛不衰。

"磨盘儿"蒸糕

该种食品每个直径约10厘米，分上、中、下三层，有底有盖，中间夹以豆馅，豆馅的周边以小枣包裹，因形似石磨，故取名"磨盘儿"蒸糕。此种蒸糕吃起来香甜可口，枣香四溢，冷热均可食之，是胜芳"文泰成"饭店的拿手杰作。

胜芳烧蟹黄

胜芳蟹早在明清就闻名京津，而用蟹黄制作的菜肴更是鲜美无比。先把母蟹洗净上锅蒸熟，再用特制工具将母蟹拆解，将蟹黄与蟹肉分开放置。然后取蟹黄用蛋清挂糊，温油浅炸后，码放于盘中，趁热浇上水晶汁，即可食之。此道菜不腻不腥，口感清鲜，回味留香。

↑ 胜芳烧蟹黄

↑ 胜芳红烧鲤鱼

↑ 缸炉烧饼

胜芳红烧鲤鱼

此菜虽算不上高档稀缺之物，但出自于胜芳的红烧鲤鱼使很多品尝过的人为之倾倒，难生二心。一是这里用的鲤鱼必须是野生的，其肉嫩刺软，营养价值高；二是这里的厨师融合南北之艺，独具创新，烹饪技艺高超。烧好之鱼装盘后，鲤鱼还能"摇头摆尾"，吃起来皮滑肉嫩，焦脆香酥，甜咸适口。

缸炉烧饼

是霸州最负盛名的小吃之一，为信安所独有。其饼皮薄如"蝉翼"，空心、口香、酥脆，为缸炉（焚燃锯末或高粱帽子）焙烧而成。与肉配食（烧饼夹肉），有酥、脆、香、纯之感，回味悠长。

刘池烧鸡

刘池烧鸡原为"刘记烧鸡"，诞生于淤口关的信安镇，距今已有200余年的历史，以肉质鲜嫩、味道香醇、回甘不腻著称。技艺之初原为赵姓人所传，刘家在此基础上经过不断改良，传到刘池这代，手艺已至炉火纯青，因此被食客称为"刘池烧鸡"，传延至今。

马宝仁烧饼

已有近百年历史。创始人马宝仁，信安镇人。原在京城学做买卖，后因对炊事的偏爱而拜师改学烙烧饼。学成后，先在沈阳小河沿支摊做生意。此间，不断改进技艺，到20世纪30年代，马宝仁烧饼在东北始有名气；40年代后，马宝仁回乡发展。

其烧饼所用麻酱，地道考究，面、酱配比恰到好处，浓而不烈；烤制后的烧饼外酥里嫩、暄软层多、咸淡适中，颇受顾客青睐。

陈亭羊头肉

信安镇陈亭羊头肉是一种颇具地方风味的肉食，具有肉质鲜嫩、松软、醇香、适口等特征。

羊头肉的制作，除了老汤，还佐以桂皮、大料、花椒等调料，有时需重复下料。煮肉时，先用旺火煮沸，再用文火煨之。羊头肉用红糖炒色，以呈棕红色为佳。置屋内凉透后，再到市场销售。

杨树林焖鱼

杨树林焖鱼为信安镇的名吃，以刺软（吃时不用吐骨刺）、有嚼头著称，深受食客喜爱。制作时要经晾

↑ 杨树林焖鱼

晒、油炸、压焖（用文火焖一宿）等工序方能成品。

协利成熏肉

信安协利成，原为"运星号"，因系刘家三兄弟合伙买卖，取"协"字三力同心之意，后改称"协利成"。

协利成熏肉，醇香味美，烂而不腻，制作技法考究，深得食客垂青。先是发肉，把上案的猪肉，置于清水中泡发半天，清除肉中的杂质，而后施以桂皮、大料、砂仁、豆蔻、五艾等十余种调料，旺火沸煮一定时辰，再改用文火煮之。熏肉前，先过老汤，继而用刚家大糖制成的大麦芽糖浆子挂色，使肉呈深红色。

王经驴马肉

信安镇王经驴马肉，早在20世纪60年代就有一定的名望，以味香、肉烂，老少咸宜而口口相传。煮肉采用老汤，并放入白芷、肉桂、桂皮、三艾、丁香等十几种调料，当调料不够量、不达质时，肉不入锅。始以旺火煮沸，再用小火煨一天一宿，以便食盐食色自然渗透到肉内，出锅时肉烂但不化、不散，做到肥瘦咸淡一致，里外一致。

高升茶汤

信安镇高升茶汤采用自制的黍米面用文火熬制而成。高升茶汤会产生铜钱厚的汤皮，食时，放入红糖、青丝、桂花等小料，茶汤呈现黏稠、香甜、可口、回味绵长的特点。

清炒虾仁

煎咸食

贴饽饽儿

肉焖子

粘卷子

鲜花里，弥散着故土的芬芳。

美酒里，遥寄着前人的榜样。

书卷里，刻印着杨家将的一路铿锵。

九曲河道里，映衬着霸州的繁华与荣光……

霸州是一座充满雄霸之气的城市。自新中国成立以来，尤其是党的十一届三中全会后，霸州在改革开放大旗的引领下，乡镇企业异军突起，经济建设不断跃上新台阶。河北省第一个亿元镇、第一个亿元村先后在这里诞生。党的十八大以来，在习近平新时代中国特色社会主义思想指引下，霸州全面推进经济建设、政治建设、文化建设、社会建设和生态建设，全市各项工作协调发展，广大群众获得感、幸福感明显增强。

↓ 霸州规划馆

第七章

负重前行

光耀我们的新时代

关键词之一：跨越

新中国诞生70多年来，霸州经济规模迅猛扩张，县域综合竞争力日益提升，地区影响力显著增强。

经济持续快速增长，经济总量连上新台阶　新中国诞生时，霸州经济基础极为薄弱。1952年霸州地区生产总值仅为0.45亿元，人均国内生产总值为187元。经过长期努力，1978年霸州地区生产总值增加到2.37亿元，居河北省第15位。1986年生产总值突破10亿元，2000年突破100亿元大关。2016~2018年，霸州经济总量连续跨越365亿元、394亿元和434亿元大关，年均增长8%以上。2018年霸州人均国民总收入达到9819美元，高于中等收入国家平均水平。

财政实力稳步向好，不断迈向新台阶　新中国诞生初期，霸州财政收入以1953年计仅有299.9万元，全民所有制职工人均收入219元，农民年均收入不足80元。1994年，财政收入突破亿元，在河北省十强中居第4位。2016~2018年，霸州财政收入连续跨越36亿元、43亿元、45亿元大关。2018年霸州入选全国县域经济强县，胜芳镇跻身2018年全国千强镇。

影响力持续提升，美誉度斩获颇丰　1990年霸州撤县建市，为河北省辖县级市。1993年被命名为全国明星县市，1994年被国务院批准为对外开放城市，1995年跨入河北省首批小康县市行列，2000年被评为河北省"九五"期间经济和社会发展较快、较好的十个县（市）之一，2003年被评为河北省县域经济发展十强县（市），2005年被河北省政府确定为首批扩权县（市）之一，并连续多年跻身河北省"十强"县（市）行列。先后荣获国家级科普示范县、中国金融生态城市、中国最具投资潜力百强城市、全国无障碍城市、河北省宜居城市建设"燕赵杯"A组金奖城市、河北省级园林城市等省级以上荣誉称号50余项。

↑ 居民小区一角

关键词之二：升级

新中国诞生70多年来，霸州三次产业升级、发展结构日趋均衡稳定，经济发展质量和效益快速升级。

农业生产效率全面提高，综合生产能力大幅进步 新中国诞生之初，霸州农业生产基础单薄，普遍存在靠天吃饭现象，农民收入微薄。改革开放以来，随着农村改革的深化，粮食总产量由1978年的15.16万吨增加到2012年的21.15万吨，农林牧渔业总产值由1978年的0.68亿元上升到2012年的43亿元。党的十八大以来，霸州农业机械化程度快速回补和提升，农业机械总动力由1952年的90千瓦提高至2018年的8万千瓦，农业保障和供给能力得到空前提升。

　　工业格局业已形成，现代化工业结构日臻完善　新中国诞生之初，霸州工业只有铁业、织席、柳编等41种简单手工或半机械加工业。1982年，家庭联产承包责任制实施，农村劳动力得到极大释放，个体私营及联户工业企业迅速发展，数量逐年增多。1997年后，一批旗舰型领军企业相继诞生。2012年工业增加值比1978年实际增长38.8倍。党的十八大以来，霸州工业加速淘汰落后工艺和产能，逐步向中高端迈进。目前，霸州规模以上工业企业达196家，逐步形成金属玻璃家具、食品加工、印刷包装和电子信息四大产业群。

↑ 河北达利集团食品加工车间

↑ 霸州温泉

　　服务业全面优化　1952年霸州第三产业增加值仅为0.03亿元，到1978年也只有0.36亿元。改革开放以来，服务业随着市场繁荣而日益兴旺，进入发展快车道。2018年，第三产业增加值达到166亿元，比1978年实际增长461倍。党的十八大以来，服务业迸发出前所未有的生机和活力，生产性服务业和生活性服务业齐头并进，新产业新业态新模式不断涌现，成为保就业、稳经济、促发展的重要推手。

关键词之三：提升

新中国成立70多年来，霸州公共事业一路高歌，成为拉动经济及社会持续发展的重要引擎。

区域交通大通道地位日益凸显，"车轮上的霸州"业已形成
新中国诞生之初，霸州只有京开、京保两条土面公路，每遇天涝，交通时有中断，客货运输主要靠内河航运。1958年，第一条柏油路面津保北线霸州至天津段建成。改革开放以来，霸州综合运输体系步伐加快，从城市到乡镇公路干道全面硬化，客货运输抵达村街农户。党的十八大以来，霸州综合运输大通道建设方兴未艾，全面融入京津冀一体化发展布局。京九铁路、津霸铁路、保津高铁、大广高速、保津高速、廊沧高速及其他国、省干道纵横交错。伴随着

↓ 保津高速霸州南立交桥

首都大兴国际机场的使用和京雄高铁、津兴高铁、京九客专及京德高速、荣乌高速和京雄城际的整体推进，霸州随即迈入"车轮上的城市"。京、津、雄半小时生活圈、工作圈触手可及。

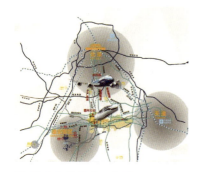
↑ 霸州高铁线路示意图

↑ 霸州联通电讯塔

邮政、快递、电信让"天涯"成为"比邻" 新中国诞生时，霸州邮路总长度只有300公里，其中县局邮路只有霸县至胜芳一条，长度仅有30公里，其余为乡镇邮路。至2018年末，霸州邮政营业网点建成38处，邮路总长度935公里，光缆线路总长度达57.4万公里，全域宽带用户超40.1万户，5G技术正加快落地和推进。

能源供给触角多，供给强，保障能力显著提升 新中国诞生之初，霸州能源仅限于部分机关照明。1958年，霸州县城、胜芳两镇居民全部升级为电灯照明。1963年，农户照明全部解决。1997年后新增500千伏变电站一座，改造扩建200千伏变电站多座。2017年途经霸州的锡蒙至山东1000千伏特高压交流输变电线路正式输电。2018年，霸州售电量达到64.9亿千瓦时，全市20多万个家庭和工商业户全部取消煤炭燃放，用上清洁的天然气，一次电力及其他清洁能源供给比重从2012年的15.8%上升为2018年的28.5%。

关键词之四：推进

　　新中国成立70多年来，霸州城乡二元经济结构逐步改善，社会区域新格局逐步形成，全面协调可持续发展的乡村风貌焕然一新。

　　城镇化建设稳步推进　新中国诞生时，霸州城镇人口占总人口的比重仅为9.8%。1992年，市区总面积18平方公里，市区内常住人口达到12.5万人，中学5所，小学18所，公办幼儿园1所，民办幼儿园10所，医院5所。随着户籍制度改革和居住证制度的实施，2018年末，霸州常住人口城镇化率为59.8%，建制镇由2003年的6个增加至9个。

↑ 霸州东部市区

　　新农村新农民新生活成为现代社会的真实写照　新中国诞生时，多数村庄少有公共设施，绝大部分民居为土木结构住房。改革开放以来，霸州坚持工业反哺农业、城镇扶持农村，农村基础设施建设持续加强。2010年，霸州383个村街实现了道路、用电、通信、宽带和高质量有线电视的

↑ 乡村剧场

"五通"工程，美丽乡村建设步伐加快，广大农村地区垃圾集中转运处理实现100%。

　　协同发展稳步推进　改革开放按照产业布局优势互补、协同配套的原则，经河北省委、省政府批准，霸州整合原有三个省级开发区，组建霸州经济开发区，规划面积173.1平方公里，施行"一区三园"管理机制和架构。2018年，"一区三园"实现地区生产总值占霸州市比重达58.8%。围绕京津冀协同发展、雄安新区规划建设，霸州定位于"1+4"功能，努力建设京津雄区域节点城市，打造科技成果转移转化先行区、传统产业转型升级引领区、临空经济发展协作区、城乡统筹示范区，为全面建成社会主义现代化城市和"乡村振兴"的宏伟大业夯实物质基础。

↓ 霸州经济开发区厂区一瞥

关键词之五：开放

1990年撤县建市，霸州作为改革开放的先行区，抢抓一切机遇，合作与开放水平不断提高。

贸易大市地位日益凸显，贸易规模日益提升　新中国诞生时，霸州只有少数个体私营商户代外商收购鸡蛋、青麻、猪鬃、红小豆等农副产品。改革开放之后，霸州一方面积极调整产业结构，一方面加强信息收集与传递，至20世纪90年代，三资企业开始增质扩量，出口商品超过6大类、100多个品种，涉及40多个国家和地区。2018年，出口货物总额达到8.5亿美元，服务进出口总额2.3亿美元。

↑ 胜芳国际家具博览城

外资投资热度稳中向好，引进质量明显提升　党的十八大以来，霸州全面落实准入前国民待遇加负面清单管理制度，引进外商直接投资领域不断拓展。2018年，霸州实际使用非金融类外商直接投资1.13亿美元，成为廊坊市外资流入领先市（县）。国外及我国港澳台地区在霸州实有企业

↑ 企业上档提质（机器人车间）

达40家，资产总额达17.4亿元。

积极参与国际化分工，对外投资明显释放　党的十八大以来，霸州非金融类对外直接投资1.1亿美元，比2003年增长41.5倍；在"一带一路"沿线56个国家中非金融类直接投资为1.5亿美元，占非金融类对外投资总额的45％。

关键词之六：驱动

新中国成立70多年来，科教兴市战略成效明显，科技大市（县）地位日益巩固。

科技人员点多面广，民营创新实力与地位日益抬升　20世纪60年代，霸州科技人员主要分布在农林、水利、卫生等部门，霸州

↓ 霸州市第一中学

科技干部仅有60余名。2003年，霸州专业科技人员达到9809人，累计取得省级科技进步奖4项，廊坊市科技成果进步奖9项。2018年，全社会研究与试验发展经费支出11.6亿元。专利申请量624件，专利授权量586项，每万人口发明专利拥有量9.8件，技术交易额达到2.79亿元。

国民教育占比日益提升，城乡文化差异日益缩小 新中国诞生时，霸州仅有10余所学校，教师队伍只有125人，在校生不过3000人。1978年，霸州城乡小学教育基本普及。1982年，不识字人群占比降至21.6%。2018年，九年义务教育巩固率达100%；普通高中在校学生8958人；15岁及以上人口平均受教育年限由1982年的5.3年提高到9.6年。2018年，霸州高等教育毛入学率达到68.1%，高于全国平均水平；全域现有小学129所，普通中学18所，普通高中2所，职业学校2所，公办幼儿园2所，民办教育方兴未艾。

关键词之七：进步

　　新中国成立70多年来，霸州文化卫生、体育健康和环保事业全面进步。

　　文化软实力大幅提升　新中国诞生之初，公共图书馆、博物馆、广播、图书、报纸等严重不足。改革开放以来，霸州坚持中国特色社会主义文化发展之路，加大公共文化服务体系覆盖城乡扶持力度，先后建起图书馆、华夏民间收藏馆、李少春纪念馆、荣高棠纪念馆、范家坊工笔画院、中华戏曲大观园等十大场馆，383个村街普遍拥有了图书室，藏书超百万册；互联网、电视节目综合人口覆盖率达到100%。月月唱大戏、周末小剧场、彩色周末等文化会演活动定期开展，每年接纳域内外游客25万人（次）。2010

↓ 益津书院

年，全国县级公共文化服务体系建设现场经验交流会在霸州召开，2013年通过首批国家公共文化服务体系示范项目的验收。中国自行车博物馆成为河北省首个"国"字头的文化场馆；先后荣获"中国温泉之乡""中国书法之乡"称号，拥有国家级非物质文化遗产项目4个，省级13个，国家3A级以上景区4个，连续19年保持"全国先进文化县（市）"荣誉称号。

国民健康指数大幅提高 新中国诞生时，霸州域内诊所药铺大都设在城镇。医疗队伍主要以中医为主，西医寥寥无几，中西医大夫仅有120人。20世纪50—70年代，霸州公共卫生体系初步建立。1978年末，公社以上医院（所）45个，医护人员

↑ 廊坊市第四人民医院

608人，床位452张。2011年末，霸州共有医疗卫生单位25个，床位2485张，卫生专业人员4228人。党的十八大以来，分级诊疗制度逐步确立，全民医保体系得以健全。居民寿命由新中国成立初的35岁提高到2018年的77岁，婴儿死亡率由新中国成立初的200‰下降到2018年的6.1‰，居民健康水平总体优于国外中高收入国家水平。

体育竞技蓬勃发展 20世纪50—70年代，体育运动开始在城乡兴起。篮球、乒乓球遍及城乡学校、机关和企业。1990年，霸州成为廊坊

↑ 河北省第七届农民运动会开幕式

市第一个达标的全国体育先进县（市）。党的十八大以来，霸州人均体育场地面积达到1.6平方米以上，近30万人经常参加体育锻炼，185名霸州籍运动健儿被输送到省级以上体育院校（队），在国内外竞技中屡获佳绩。

生态文明建设成为全民课题 改革开放之初，伴随着经济的蓬勃发展，特别是个体私营经济的快速跟进，霸州"三废"（废水、废气、废渣）问题大量衍生，土地污染、水质下降成为一时发展的顽疾。2000年以来，特别是党的十八大以来，霸州秉承"绿水青山就是金山银山"的全新理念，采取最严厉的措施推进控污减排，大力改善水环境，推进生态景观建设。改建、扩建、新建城镇污

↓ 霸州生态公园一角

水处理厂4座；完成营造林12.9万亩，霸州市人均公园绿地面积达12.25平方米，绿化覆盖率达42.2％；重点实施了胜芳湿地公园、市区生态公园、牤牛河历史文化公园、胜芳森林公园、胜芳滨河公园，112国道绿化带、中亭河绿化带、保津高速绿化带，以及以霸州市区、胜芳镇为中心的绿化组团工程，构建起"五园""三带""两心"的生态景观格局。

关键词之八：小康

　　小康不小康，关键看老乡。伴随着改革开放的强大步伐，霸州人民正大步迈向全面小康。

　　就业结构日益多元，就业质量明显提高　1949年末，全域城乡就业人员2.2万人，其中城镇就业人员仅有0.7万人，1978年末，霸州就业人员达到18.6万人，其中城镇就业人员3.1万人。改革开放以来，尤其是党的十八大以来，霸州大力推动"大众创业、万众创新"，新兴三产、中小微和民营经济成为吸纳就业的主渠道，2018年末，霸州就业人员扩大到33.2万人。

　　居民收入、消费能力双提升　1956年霸州居民人均可支配收入仅为193元，人均消费支出仅为181元。1978年霸州居民人均可支配收入也仅为373元，人均消费支出为341元。2018年霸州居民人均可支配收入提升至32547.4元，人均消费支出为28484元；城乡居民恩格尔系数为26.3％，降低了36.8％。城镇居民家庭每百户家

↑ 华夏民间收藏馆

↑ 霸州市政务服务中心

用汽车拥有量达86辆，农村居民家庭每百户家用汽车拥有量上升到59辆。

社会保障体系进一步织紧织牢，成为社会安全的稳定器 20世纪50—70年代，开始由国家和单位对城镇职工提供劳保等一定福利，并由集体对农民实行少量保障。改革开放以来，尤其是党的十八大以来，霸州加快构建多层次社会保障体系。2018年末，城乡居民参加基本养老保险人数32.05万人，参加失业保险人数7034人，参加工伤保险人数43661人，基本养老保险覆盖超过9万人，医疗保险覆盖超过64万人，基本实现全民医保。

雨露中，闪烁着拼搏的荣耀。

荆棘中，播撒着奋进的希望。

晴空中，益津关的叱咤雄风震天吼。

诗书墨香中，漫览着霸州人的负重前行……

今天，当霸州人深情满怀地回首过往，展望未来的时候，历史时空的烙印早已铭刻在这片深沉土地的各个角落。

风雨砥砺不忘初心，春华秋实继往开来。让我们更加紧密地团结在以习近平同志为核心的党中央周围，勠力同心，奋斗不息，再谱新篇。

我们坚信，在习近平新时代中国特色社会主义思想的指导下，霸州，这座古老而又神采飞扬的城市以及生长在这片肥沃土地上的人民，定将汇聚起更加磅礴向上的力量，朝着第二个"一百年"目标奋力前行！

↑ 玉米丰收

↑ 收获

↑ 快乐采摘

后 记

  《中国历史文化名城·河北霸州》经过编修人员持之以恒、乐此不疲地认真查阅史料，详细调查核实，反复甄别取舍，十易其稿后，终于得以付梓问世。这是霸州文化工作中的一件大事，填补了霸州历史文化研究方面的一项空白，具有彪炳史册的里程碑意义和文献参考价值。

  在此额手称庆之际，我们要特别感谢中国民协、河北省民协、廊坊市民协和霸州市委宣传部的关怀和鼎力支持，感谢霸州市内及域外关心、关注霸州文化建设和发展的众多文学艺术工作者或爱好者们提供的无私帮助，感谢知识产权出版社各位编辑的辛勤付出。在《中国历史文化名城·河北霸州》的主题立意、篇章架构、内容构成中，原霸州市人大常务副主任、市文联主席，市历史文化研究会会长胡树全同志主动请缨，不辞辛苦，反复推敲，精心构思，提供了纵观历史、大气磅礴兼具知识性、趣味性和可读性的编纂方案。在此向他致以崇高的敬意！

  在编写《中国历史文化名城·河北霸州》的过程中，我们尽量避免简单化、脸谱化。坚持以事实为据，杜绝先入为主。多方采集过往文化相关事件的史实资料，力求多角度、全方位地还原和展现其历史原有风貌。对历史遗存较少、散佚各地各方的，则多方搜集其著作、遗存文章，从诗林碑刻中挖掘找寻文脉轨迹，了解社会背景、时代情感，从而梳理成文，汇聚成有血肉、有情感的生动内容。

  在对名人事迹、史料的收集中，我们除广查相关史籍外，还尽量联系名人后裔、亲属，力图收集更详细的名人家世和轶闻，以丰富名人的形象。经查证方知，名人的直系亲属、直系后裔绝大多数已不在霸州居住。所幸经编委会同仁的共同努力，还是联系到一些名人亲属。如张洁清外甥女陈重重、杜文敏门婿陈志钧、薛明之女贺晓明、荣高棠堂弟荣绍尧、吴景之侄吴学仁……他们均对本卷有关章节的编写给予了很多支持。

在本书即将出版之时，亦有很多缺憾，其中最大者莫过于有众多应大传特书的名人事迹、文化现象或文化遗迹，由于年代久远，或战火，或水灾，或失联，而无法获取相关的音信或资料，甚至连点点滴滴的故事、传说都没有……因而只能依据原县（州）志所载以录之。

对于当今仍然健在或在职的政界精英、军事将领或仍活跃于现今文化界的英杰才俊，按照生不立传的原则，本卷编委会经慎重考虑决定暂不纳入本书。

一年多来，虽说编委会同仁已竭尽全力，但由于历史沧桑、朝代更迭，许多人物轨迹、文化现象早已随着时间的推移若烟云渺渺而去。为此，在收集史料方面，很难做到面面俱到、整齐划一，肯定会有不详、不确、偏颇、遗漏等处，再加之编者们识窄见少，水准错落，定会有许多不尽如人意之憾。而付印之前，虽曾将书稿奉之名宿初读、征询意见，但面对浩瀚历史，书稿犹如沧海一粟，仍显单薄。在此，恳请广大读者在翻阅本卷时细心留意，如发现其中差错或传讹之处，及时提出宝贵意见，以利于匡正错误，再版修正。

《中国历史文化名城·河北霸州》编委会

2021年7月

图书在版编目（CIP）数据

中国历史文化名城．河北霸州／中国民间文艺家协会组织编写；
潘鲁生，邱运华总主编 .—北京：知识产权出版社，2022.3

（中国历史文化名城·名镇·名村丛书）

ISBN 978-7-5130-7837-5

Ⅰ.①中… Ⅱ.①中… ②潘… ③邱… Ⅲ.①霸州—概况 Ⅳ.① K928.5

中国版本图书馆 CIP 数据核字（2021）第 232121 号

责任编辑：宋　云　王颖超　　　　　　责任校对：王　岩
装帧设计：研美文化　　　　　　　　　责任印制：刘译文

中国历史文化名城·名镇·名村丛书

中国历史文化名城·河北霸州

中国民间文艺家协会　组织编写

总　主　编　潘鲁生　邱运华

本卷主编　张树勋

出版发行：知识产权出版社 有限责任公司	网　　址：http：//www.ipph.cn
社　　址：北京市海淀区气象路 50 号院	邮　　编：100081
责编电话：010-82000860 转 8655	责编邮箱：wangyingchao@cnipr.com
发行电话：010-82000860 转 8101/8102	发行传真：010-82000893/82005070/82000270
印　　刷：天津市银博印刷集团有限公司	经　　销：新华书店、各大网上书店及相关专业书店
开　　本：720mm×1000mm　1/16	印　　张：13
版　　次：2022 年 3 月第 1 版	印　　次：2022 年 3 月第 1 次印刷
字　　数：163 千字	定　　价：80.00 元

ISBN 978-7-5130-7837-5